耶稣的领导智慧
The Leadership Wisdom of Jesus

Charles C. Manz

查尔斯·C.曼兹 著

余彬 译

上海三联书店

谨以本书献给那些勇敢的人们
他们回应着对领导人的睿智与爱的召唤
他们致力于释放每个人内心深处
的领导才能和价值

目　录

第二版序言 / 7

∨

第一版序言 / 11

∨

开篇:对智慧和爱的领导力的召唤 / 15

∨

第1部分:洁净自我 / 23

先梁木后小刺 / 25

末后者优先 / 31

洁净内心 / 38

不要为明天忧虑 / 43

凯撒的归给凯撒 / 50

点亮你的灯 / 57

∨

第 2 部分:怜悯之心 / 63

勿在玻璃屋中抛石头 / 65

爱朋友也爱仇敌 / 72

超越黄金法则 / 79

不要论断别人 / 84

寻回丢失的羊 / 93

∨

第 3 部分:领导他人成就完善自我 / 103

预备土壤 / 105

失而复得的浪子 / 112

仆人式领导 / 120

避免瞎子领路 / 128

一个铜板的价值 / 133

超越金钱的奖赏 / 139

∨

第4部分:播撒金色芥菜种 / 147

芥菜种的力量 / 149

运用金色芥菜种的力量 / 155

一仆不事二主 / 163

∨

第二版讨论提纲 / 171

∨

讨论话题一览 / 175

∨

作者简介 / 178

第二版序言

当 BK（Berrett-Koehler）出版社跟我接洽商谈《耶稣的领导智慧》第二版的事宜时，记忆的闸门在瞬间被打开了。撰写《耶稣的领导智慧》对于我来说是一次冒险行动，回想起来，正是这本书的出版发行将我引向了不可预知的漫漫旅途。一转眼，我发现自己在十多个电台和电视谈话节目中做着解释，我既不是传教士也不是神学家，我是一名大学教授兼咨询师，我只是相信，我们可以从迄今最伟大的领导人——耶稣——身上学到很多东西。

报纸、杂志和网络为我提供了更多传达理念的途径，我以为，同情与爱心、宽容和智慧不仅仅在复杂而充满活力的现代商业世界占据一席之地，它们也是实现更有意义、更充实和更成功的职业与企业目标的关键所在。我也在很多大型会议、大学院校及教堂集会上发表演讲。

我曾经在不同场合遇见本书的读者,由此了解到本书成为了很多讨论小组及课堂援用的中心资源。怀着诚惶诚恐,当然还有又惊又喜的心情,我眼看着我的作品渐渐成了畅销书。

我最想要说的是,无论我们的读者是否具有宗教意识,他们中的很多人都认为本书对他们很有帮助。正因为如此,当准备本书的第二版时,我增加了一些能让本书发挥更大作用的内容,但同时保留了原书的基本格调、语气和特色。

另外,我特别增加了一些材料,作为本书读书会的讨论提纲。此外我还新增了一个章节,探讨的也许是最让人为难的问题:耶稣所提倡的爱与宽容等美德如何相容于以利润、效率和责任为导向的当代商业世界? 为了使本书更贴近今天的生活、工作和领导事务,我又另加了一些实例,以深化本书阐述的理念。

撰写《耶稣的领导智慧》第一版,促使我对耶稣的思想和行为以及他的领导方式进行前所未有的深入思考,事实上,在此过程中,我也走上了个人发展的旅途,我的职业和生活发生了永久性的变化。从那以后,我继续关注企业文化中的一个特殊议题,那就是职场中的宗教信仰问题,其结果是诞生了我与同事凯伦·P. 曼兹(Karen P. Manz)及罗伯特·D. 马可斯(Robert D. Marx)、克里斯托弗·P. 奈克(Christopher P. Neck)合著的《所罗门的工作智慧》(The Wisdom of Solomon at Work, San Francisco：BK，2001），之后，我继续和他们合作，并与同事朱迪·尼尔(Judi Neal)共同就这方面的议题撰写了数篇文章。无论在生活上还是工作上，我们都尊重个人价值和信仰，倡导完整的人生理念。我们所做的一切都力求客观公正，不因为人们不同的宗教信仰而给他们贴上不同的标签。同时，本书也有助于读者将他们的信仰带进他们的职业生活，而不仅仅局限于个人宗教生活。于是，读者能够将个人关爱和宽容的美德融入竞争激烈的商业世界。

我希望，你能通过阅读本书获得收益，就如同我通过撰写本书获得收益。耶稣善于抓住重点，激励我们对生活和工作中的各种事物、疑问和解决方法做出深入的思考，他的教导，已经改变了历史上千千万万个人生，至今依然影响深远。以耶稣的教导作为领导的指导方针，不仅能使我们成为更有智慧、更好的领导者，而且能够让我们在任何一个足以影响他人的位置上，更加担当得起领导人这个称号。

查尔斯·C.曼兹

佩尔汉姆，马萨诸塞州

2005 年 7 月

第一版序言

《耶稣的领导智慧》一书面向那些希望成为更有智慧、更卓有成效的领导者的人们。它以耶稣教导中积极正面的属灵原则为基础,注重于以独特而充满爱心的方式诠释领导力。对于领导他人和自我领导来说,耶稣的教导中充满了无价的智慧。

当你担任领导职务的时候,你是否感觉到,你在隐藏并压抑着内心温情的一面,只是为了更好地在竞争激烈的商业世界里立足?你是否发现,为了安身立命,出人头地,你时常以理性冷峻的面目示人,即使这样做会伤害他人,即使这样做是以牺牲自我原则为代价?你是否注意到,有时候,在维护企业的利益,和人性地、关爱地对待他人之间,存在着巨大的冲突?你是否发觉,你原来所接受的教育和培训,已经不足以应付日益复杂的生活和领导事务,你急需更多的智慧来帮助你? 如果对你来说以上问题的答案都是肯定的话,那么这本书正是你所需要的。

这本书应该对关心职场和人际关系中道德及人性问题的人具有一定的吸引力,它以关爱同情、谦卑温柔和服务他人为要义,指出了通向更加卓有成效的领导力的途径。这本书也会对那些希望掌握影响他人的能力的人们产生吸引力,它所关注的重点与灵魂、灵性和仆人式领导方式等重大议题相契合,尤其适合于那些处在诸如经理、执行官等有影响力位置上的人们。

将耶稣教导引入商业领域的书籍很少,将之与商业的领导相结合的书籍更是难得一见,在这方面,劳瑞·B. 琼斯(Laurie B. Jones)的《耶稣 CEO:将古老智慧融入愿景领导》(Jesus CEO:Using Ancient Wisdom for Visionary Leadership, Hyperion,1995)倒是近来的一个重大突破。但是,正如此书的标题所揭示的,它更注重于愿景领导,而不像本书更关心权力下放(授权)。愿景领导的方式把聚光灯投在领导人身上,突出了领导人的个人魅力,而追随者成了附庸,掩藏在领导人的阴影里。授权式的领导方式将追随者推上了舞台的中心,领导人的任务是致力于释放他人的潜能和才华。[注1]《耶稣的领导智慧》重点就在于从耶稣教导中汲取启示,为领导人成功地实施授权开出一剂良方,它用耶稣的教导指导我们进行有效的领导和自我领导。本书的用意不在于向读者传教或者劝说读者皈依上帝，而是希望用影响了千千万万个人生的古老智慧为有志向的领导人加添力量。

在这里，我要感谢我众多的同事，他们深刻地影响了我对领导力的看法，他们是：汉克·希姆斯（Hank Sims）、克里斯·奈克（Chris Neck）、格里格·斯图华特（Greg Stewart）、吉姆·曼克索（Jim Mancuso）、鲍博·米奇尔（Bob Mitchell）、皮特·霍姆（Peter Hom）和弗兰克·希佩尔（Frank Shipper），特别感谢我的夫人凯伦·曼兹，感谢我的编辑斯蒂文·皮尔桑提（Steven Piersanti）以及 BK 出版社干练而热情的员工们给予我宝贵的支持和协助，我还要感谢多年来支持我在领导力和团队精神方面写作的所有朋友和同事。

衷心感谢 AES 公司、IDS 基金公司、戈尔公司、墨顿纺织厂、塞氏集团公司以及许许多多给予我灵感和激情的优秀企业，它们从心底回应着对睿智和爱的领导力的召唤。我永远感激耶稣和他在《圣经》中留下的教导赐予我的智慧，否则就没有这本书。

查尔斯·C.曼兹

佩尔汉姆，马萨诸塞州

1997 年 12 月

注:

  1. 见亨利·P.希姆斯(Henry P. Sims Jr.)与查尔斯·C.曼兹合著的《英雄的公司》(Company of Heroes: Unleashing the Power of Self-Leadership, New York: Wiley, 1996)中有关愿景领导和授权的系列讨论。

开篇：对智慧和爱的领导力的召唤

当你走上领导岗位，你认为自己在职责范围里是称职的吗？你在领导事务中恪守伦理道德，坚持公平公正了吗？你能在恰如其分地做好工作的同时正面地引导他人吗？

现在，让我们再深入地思考一下，你能有效地领导自我吗？你能为他人竖立一个道义的、高效能的榜样吗？你的领导方式是谦卑温柔的吗？是悲天悯人的吗？你掌握了宽容与服务他人的艺术了吗？在需要的时候，你能回转成小孩子的模样吗？你能理解并且在实践中运用"爱人如己"的黄金法则吗？你知道金色芥菜种所蕴含的力量的秘密吗？

千百年来的历史文献中，蕴藏着丰富的资源和智慧，古代圣贤，尤其是一些宗教领袖们留下的文字和教导更是其中的重点所在。古往今来，历史上众多的领导人和思想家在个人修为和智慧上抵达了一个特殊的高度，包括所罗门、摩西、孔子、老子、佛陀、甘地、穆罕默德，还有许许多多的其他人，都曾表达过不同凡响的见地。随着社会的发展，人类的知识也在迅速膨胀，但我们切不可因此而遗忘了这些历史上的伟人们博大精深的智慧，否则就是大错特错了。

正是出于这样的目的，我开始了我的计划。起先，我试图将三、四位思想家的学说放在一起集中评述，但是，我随即发现，他们中每一位的思想精髓都值得用专门的篇幅展开探讨，因此，本书就诞生了。我衷心地希望，本书描述的领导智慧能为读者打开一个不同一般的视界，让读者获得从当代领导理念中难以体味的真谛。

当然，随着千百年的光阴流逝，我们身处的时代已经发生了很大的变化。人们不禁要问，古人的智慧，尤其是那些与宗教相关的智慧，对今天的生活是否还有指导作用？确实，按照惯例，所有的优秀企业，无不以最大限度获得利润、回报投资者为目标，但这与古人的领导理念相去甚远。然而，让目光超越利润与金钱也是一个相当前卫的理念。从长远的角度来看，不断有将员工和客户的利益放在首位的企业以其亮丽的业绩进入我们的视野，很多时候，抱有服务他人的心态是保证收获的最佳途径。即使经济上没有实现可观的回报，受到古代先贤理念影响的人们终究会意识到,高尚的生活(合乎伦理的、合乎道义的)和紧盯蝇头小利的人生相比,更能让人满足,更有意义。再说,即使我们并不打算完全遵循其教导,但起码我们拥有了更多的智慧。

本书阐述的是耶稣教导中有关领导力的理念。一提起耶稣这个名字,跟随而来的将是各种各样的想象和思绪,有些人的态度积极而开放,有些人会迟疑不决,还有些人可能会觉得受到了威胁和排斥。在超越文化传承和宗教背景的基础上,为更广大的读者提供有用的见解,这才是我对包含在耶稣教导中的领导理念进行探索的本意。我真切地相信,从耶稣深刻而具有挑战性的教导之中,我们能够学到很多与自身相关,并且能相互影响的知识。耶稣关于领导力的教导确实能够为领导人和追随者指明一个新的方向,让人们生活得更完善、更高尚,通过有效而实用的方法最终达到个人和职业的目标。

有一点非常重要,我们必须记住,耶稣教导中的大部分内容并非直接针对领导力,但是,我相信他的教导为领导人的实践提供了丰富的伦理和实用指导。因而,在开始每一个新的章节时,我都会和读者分享《圣经》中的段落,然后就其中和领导力相关的内容发表我自己的看法,最后,为充满智慧和爱的领导人提供建议。

我无意将注意力集中在宗教上,相反,我关注的是领导力这个主题,为这个主题汲取耶稣教导中属灵且实用的领导智慧。关于《圣经》中所记录的耶稣的生活和教导的历史研究中存在着争论，一些作者曾经质疑《新约》中所记载的耶稣的话语，究竟有多少内容是直接出自耶稣。[注1]本书并不意在处理这些争议，而是将这些《圣经》中的文字视为与耶稣的教导相一致的历史记录，是留给后人的智慧结晶。

耶稣在传道时喜爱使用比喻的手法，用简短的故事来传递他的真理，他还大量地引用言简意赅的短句，尤其是格言和警句。他的很多教导在《圣经》中反复出现，有时候通过稍微不同的故事或不同的表达方式加以深化。虽然耶稣在很多议题上都有丰富的见解，但他还是将重点放在了一些看似平常但却重大的主题上，比如用宽容替代论断定罪的优越性，爱和服务的重要性，谦卑的力量，认可他人深层价值的智慧，等等。因而，我所讨论的内容也会相应地有所重合，这也正是耶稣教导的一个特点，他确保自己的重要观点不会被遗漏。从稍微不同的角度领会耶稣的重要教导，我们会发现他的理念交织成一个整体，最终，当我们一层层地深入探讨耶稣的教导时，它的全景渐次展现在我们眼前，如同打开了一把手工描绘的精美折扇，一件无价的艺术品。我希望，本书能把展示这个全景，和提供领导与自我领导的实用法则很好地结合在一起。

无论你的宗教信仰是什么，本书都能为你更有效地进行领导和自我领导指点迷津。更为重要的是，我相信本书能够指导领导人在施展影响力的时候，正确地看待人的内在价值和精神，从而释放出积极正面的力量。这是一个非常重要的目标，因为，尽管有很多其他风格的领导方式也能够胁迫、收买或者激励追随者，使他们在短时间里的行为和表现符合领导人的期望，但是，长期的发展和良好表现则有赖于对每个人内心真实的持续关注。我相信，所有的人在某种程度上都希望获得或者说需要人的尊严，希望和他人有一种积极的属灵关系。正确地对待他人，并帮助他人正确地对待自己和周边的世界，这可能是长期的高效能领导的唯一合乎情理的选择。

我们必须记住的一点是，当我们说到个人将获得令人满意的回报时，我们指的是以相当长期的时间段为背景。虽然耶稣针对的是他那个时代中很现实的议题和需求，但他最终关注的还是超越现实的永恒生命。因而，他的教导并不一定能使你得到即刻的回报；他的智慧引导我们通向公义和良善，但并不一定带给我们权力、财富或者其他的种种好处，短期来看，在某些情况下甚至会走向反面。然而，令人称奇的是，事实不断证明，耶稣的智慧与许多当代领导理念不谋而合，它能为开明的领导人及其所领导的企业快速实现不菲的回报。

很多商业书籍教导领导者如何运用手段，利用手中的权力谋取直接利益,也有一些作者认为领导人应该树立个人权威,还有一些观点是用奖赏等物质手段收买人心,换取追随者的顺从。同时,也有很多人认为,领导人应该是富有鼓动性,并且拥有远见卓识,他们凭借个人魅力和崇高的使命去影响带动大众。在大量的领导学书籍中,我们分享到了知名军事家、总统、独裁者和商业大亨的雄心抱负,确实,有关这些名闻遐迩的要人的光辉业绩,我们已经读到了很多,从匈奴大帝阿提拉到亚伯拉罕·林肯,到圣雄甘地,到温斯顿·丘吉尔,到李·艾科卡。本书则是从《圣经》中选取耶稣关于领导力方面智慧而实用的教导,这些教导基于内在的智慧以及对灵性的认识,同时又非常有效。

本书鼓励读者去面对那些对于领导人来说非常重要,但又经常被忽略的东西。迫使他人违背自己的愿望来屈就你,也许有助于你在短时间里达到自己的目的,但决非长久之计。耶稣的教导能让领导人以及被领导的人长期受益,像"爱人如己"这一黄金法则、"仆人式领导"等等积极有效的领导方式,也许是我们真正掌握领导艺术的唯一途径。这种领导艺术使我们超越了世俗世界里权力带来的种种诱惑,避免以牺牲他人为代价来达到个人目标。耶稣为我们上了看似离奇,实则有力的领导学课程,比如像末后者优先、洁净内心、不要论断别人、行出金色芥菜种的力量,以及其他的很多教导,都会在本书中逐一阐述。认真学习这些教导也许会永远改变我们对领导力的认识,这些教导将为如何创造一个更具建设性的、更美好的世界提供真知灼见。

注:

1. 见于罗伯特·W.方克(Robert W. Funk)、罗伊·W.胡佛(Roy W. Hoover)及耶稣研究会合著的《五福音》(The Five Gospels, New York:Macmillan,1994)。

第 *1* 部分

洁净自我

成为高效领导人的第一步是对照镜子反观自我。掌握自我
领导的艺术,是为帮助他人学会自我领导打下基础。

先梁木后小刺

为什么看见你弟兄眼中有刺，却不想自己眼中有梁木呢？你自己眼中有梁木，怎能对你弟兄说："容我去掉你眼中的刺"呢？你这假冒为善的人！先去掉自己眼中的梁木，然后才能看得清楚，去掉你弟兄眼中的刺。
（《马太福音》7：3 - 5）〔注1〕

当你思忖上面这段话的时候，你的脑海里有没有出现一些打过交道的领导或者同事呢？你认识的人里面有没有这种令人厌烦的伪君子呢？答案多半是肯定的，但更重要的是，你是否认为你自己或许也应该接受上面这段话的忠告呢？如果你并不这么认为，那么这段话看来对你尤其有用。

让我们花几分钟来思考一下，你希望成为一位高效的领导人吗？你希望自己对他人、对世界、对历史起到重要而正面的影响吗？耶稣在这方面为我们提供了重要的指导，其中要点之一就是明确你在领导他人之前所要做的事情！是威风凛凛使他人臣服吗？错！是魅力无穷使他人追随吗？错！是施以小恩小惠使他人服从吗？错！是批评指责使他人屈从吗？错！错！错！以上所有这一切也许能产生短时间的影响，但并不能为高效能的领导力打好基础。耶稣想要告诉我们的是，第一步先照照镜子，认清自我。

通常，当我们思考领导力问题的时候，想到的往往是一个人（领导人）影响他人（被领导的人），事实上，当我们在领导的位置上时，也会顺理成章地认为我们的工作就是支配他人。也就是说，大家都认为领导人的职责就是对他人进行评估，然后指出他人需要改进的地方，被领导者最终得按照领导人的意图行事。

相反，耶稣的教导为我们提供了一个全新的视角来看待领导力这个议题。首先，我们将面临自我挑战，在领导他人之前首先要自我省察、自我检讨。这不是件容易做到的事情，谁都想把这一步跳过去。毕竟，指出别人的问题所在，并提出一些解决问题的建议，是非常让人有成就感的，它让我们显得很能干，很不同凡响，甚至高人一等。

"先去掉自己眼中的梁木，然后才能看得清楚，去掉你弟兄眼中的刺。"这句话非常令人不安,它意味着什么呢?它意味着我们不应该总是觉得别人都是错的,唯有我们自己是正确的答案,所以别人就该听从我们的领导,这个想法本身就是错误的!这就是我们眼中那根让我们对自己的缺点视而不见的梁木。耶稣明确地指出,正因为我们根本无视自己的人性弱点,就会认定自己有权柄指导并控制他人,所以会盯着他人眼里的刺(小毛病),而忽略了自己眼中的梁木(大毛病)。从这个意义来说,我们确实被操纵权力的快感蒙蔽了,以至于完全忘记了我们自己有多少缺点和弱点。认真的自我省察和真诚的自我改进愿望将为高效能的领导打好基础,如果不进行诚实的自我评价和自我修正,那对自己将有弊无利。

当然,这并不是说不应该去领导或影响他人,相反,提供建设性的、有效的、有道义的领导是我们所能提供的最重要的服务之一。但是,对他人的领导必须源自对人性的充分认识和接受,关心人的内心需求,正确看待人们面对生活和世界时内心的各种挣扎。耶稣为我们指明了一种领导风格,那就是认同每一位下属的价值,以他们的利益为出发点,同时他也让我们懂得在更高的灵性层面上,其实最终每个人都是自我领导。

我发现,在寻求一种完美人生的过程中,每个人内心对自我引导、自我激励的追求是其核心力量。在我自己的咨询及行政工作中,我也发现了一个现象,当我试着少作指导或者说"领导"的时候,事态往往向更好的方向发展。有好几次,我干得最漂亮的工作就是认真倾听他人的心声,帮助客户确定什么是对他们最有利的,也就是说,帮助并放手让他们解决自己的问题。当我自作聪明,摆出专家面孔来推销自己的观念、想法和学识时,我是在干涉客户的自我探索,更糟糕的是,有时我会被自己的理念和观点所左右,完全迷失了方向。

我觉得最优秀的咨询师应该是那些能够意识到自己的不足之处的人,那些以不断学习来提升自己的人,那些持有客户才是真正专家的观念的人,因为客户才是每天和自己的问题打交道的人。要做到这一点,咨询师应该尽量保持客观和中立,去除自己的障眼之物(梁木),帮助客户清除麻烦(小刺),理出头绪。我认为有一种法则适用于所有的领导人——谦卑,相信大多数的人对自己的问题比你清楚得多。

加强自我管理不仅仅使我们眼光更敏锐,对挣扎于困境之中的人更富同情心,它还让我们起到模范带头的作用,这才是领导的核心所在。作为这个意义上的模范,并不是说一定要别人效法我们,和我们一模一样,而是给别人一个鲜活的例子,看到我们也曾如何努力和挣扎,又是如何找到了自己的出路。其结果是,我们能更好地言传身教,使别人少走弯路。我经常在完成一个培训或咨询项目后听到这样的话："你真的做到了言行一致，你让我们解决了自己的问题。"对于我来说，这是我作为一名咨询师所能得到的最高奖赏。

耶稣关于领导力的教导向我们强有力地显示了自我省察的重要性，我们只有在保持视野开阔、眼光敏锐的基础上，才能克服自身弱点，进而帮助他人。

领导他人的先决条件和施行 CPR（心肺复苏急救术）有着惊人的相似之处。显然，为了通过 CPR 来抢救病人，我们自己首先得有意识，有生命力。同样，自我修养和自我引导对于我们的领导能力来说就像呼吸一样重要。很多人都认为领导是一个向外发散的过程，领导人带领下属，下属追随领导人，而自己却不受影响。我们的看法正相反，只有在领导人和下属同心合一时，领导力才能发挥效用，在领导的核心过程中，领导人和下属应该合为一体，不分彼此。我们能够也应该自我领导，自我领导就像呼吸，若是没有它，那么这位领导人倒是应该接受领导力CPR 了。

这就将我们带回到耶稣关于梁木和小刺的比喻。一个不愿花费时间和精力使自己活得更积极、更有建设性的人，能否有效地领导他人呢？对于这一点，耶稣的回答是否定的，因为那就像试图不呼吸而生存下去一样荒唐。

> **要想领导他人，先要学会领导自己**

注：

1. 本书所引用《圣经》原文源自新版标准本（New Revised Standard Version of the Bible）。中文翻译引用《圣经》和合本。

末后者优先

> 耶稣在屋里问门徒说："你们在路上议论的是什么？"门徒不作声,因为他们在路上彼此争论谁为大。耶稣坐下,叫十二个门徒来,说："若有人愿意作首先的,他必作众人末后的,作众人的用人。"(《马可福音》9：33－35)

耶稣对名望和荣耀的看法出人意料,又引人入胜。他指出,要想成为伟大的人,唯一的途径就是反其道而行之。他教导说,如果你想居首位,就应该有意地退到最后,为所有人服务。这是非常难以令人接受的观念,因为我们一直都被灌输建立自信心有多重要,无论在体育界,在学术界,在工作场所,还是在任何别的领域,这种精神一直被认为是健康的心态。大声地说出"我是最棒的!"这句话的权利已经成为世界上亿万人努力的目标。

　　但是，耶稣却说，不要居首位，而是去做末后一个。这是为什么呢？我并不认为耶稣要我们自甘平庸，也不是要我们浪费才能。事实上，贯穿整本《圣经》的主题就是如何将我们的才干运用到实践当中，使之结出硕果。耶稣只是向我们传达了一个清晰无误的信息，那就是不要夸大自己的重要性，不要自以为是。更重要的是，那些以伟大为终极奋斗目标的人，最后往往步入歧途。耶稣为我们开出了一剂处方，就是要谦卑，不要妄自尊大；甘心为他人服务，将他人的利益放在首位，那才是通向伟大之路。当然，耶稣所谈论的伟大更侧重于属灵的层面，而不是在世俗的意义上。然而，他所倡导的理念——谦卑、为他人服务、宽容——能为我们带来尊荣和爱戴，绝非世人所认为的伟大。

　　耶稣又进一步说：

　　当时，门徒进前来，问耶稣说："天国里谁是最大的？"耶稣便叫一个小孩子来，使他站在他们当中，说："我实在告诉你们，你们若不回转，变成小孩子的样式，断不得进天国。所以，凡自己谦卑像这小孩子的，他在天国里就是最大的。"（《马太福音》18：1－4）

　　"变成小孩子的样式"，这种看法带给读者的冲击可能是多方面的。当然，很多人都不能认同回到被动和单纯会有什么建设性的成果,然而,我从这段话中学到的最重要的一点就是:像小孩子一样谦卑。也就是再一次提醒我们,要克服自我膨胀的心理,不要以自我为中心。当然,"变成小孩子的样式"也能带来另外的种种好处,比如健康、创造力、学习能力等等方面都会有所进步。如果我们能够返老还童的话,我们将再次体验游戏的快乐、无忧无虑的生活和旺盛的求知欲。在这个日益复杂、充满压力的世界,成人们自然而然变得玩世不恭、闭关自守、自我中心,对此,耶稣的话是一剂良药。

有一天,耶稣参加一位重要人物家中举办的正式晚宴,①他不失时机地宣讲自己的理念,这一次他声明,被人推崇也并不都是坏事,但是一定要建立在谦卑的基础之上。

耶稣见所请的客拣择首位,就用比喻对他们说:"你被人请去赴婚姻的筵席,不要坐在首位上,恐怕有比你尊贵的客被他请来。那请你们的人前来对你说:'让座给这一位吧!'你就羞羞惭惭地退到末位上去了。你被请的时候,就去坐在末位上,好叫那请你的人来对你说:'朋友,请上坐。'那时,你在同席的人面前就有光彩了。因为凡自高的,必降为卑;自卑的,必升为高。"(《路加福音》14:7-11)

---

① 据《路加福音》14:1记载,"耶稣到一个法利赛人的首领家里去吃饭"。

人们都喜爱那些不是整天把自己的成就和地位挂在嘴上的人，尤其那些确实有领导才能，确实能够引人注目的人就更被推崇。大家都希望自我感觉良好，一旦身边出现一个趾高气扬、指手画脚的人，必定会让人心里很不舒服。如果这个人摆出一副高高在上的姿态，旁边的人就会对他的行为生出厌恶甚至愤怒。相反，如果这个人谦逊低调，礼贤下士，我们反而会对他心生敬意，他的身份和地位更为他增添魅力。耶稣的晚宴故事生动地描绘了谦卑和伟大之间的辩证关系。

　　这个故事也让我不由得想起了唐纳德·皮特森（Donald Petersen），福特汽车公司在他的领导下度过了一段公司历史上非常关键的时期，他在包括亨利·福特二世、李·艾科卡等等声名显赫的领导人之后出任福特的 CEO，很多人都叫不出他的名字，连报纸都经常把他的名字拼错。作为一位领导人，他推崇的是授权、团队合作和相互信任，他重视每一位员工的作用。[注1] 对自己的默默无闻，他公开承认乐在其中。"我们不需要明星……成为团队的一员更有利于创造高效能的环境，不用在聚光灯下作秀，我感觉很自在。"[注2]

　　皮特森任期里的设计总监杰克·特尔纳克（Jack Telnack）讲述了下面这个故事，从中可见皮特森的领导对福特汽车公司的正面影响。有一次，在审视了一项设计之后，皮特森问特尔纳克自己是否愿意开一辆这样的

车子，特尔纳克沉思了一会之后，诚实地回答道："绝对
不会，我可不愿意这样的车子停在我家的车道上！"皮特
森马上要求特尔纳克设计一款他能够引以为豪的车型
来，于是大获成功的流线型"糖果车"（jelly bean，其中包
括 Taurus）问世了。忍受了多年的专断领导之后，特尔
纳克终于可以自由发挥了，他的回报就是一款汽车制造
历史上最为成功的设计之一。[注3]

　　这位谦卑的领导人是促使上世纪 80 年代早中期福
特公司成功转型的关键人物，尽管皮特森主动选择了低
调的行事方式，尽力回避公众的关注，突出他人而不是
自己，但他还是在卓越的领导人行列中占了一席之地。
1988 年，他在世界 500 强企业和 CNN 财经热线联手举
办的民意调查中脱颖而出，被同行们选为美国最杰出的
领导人，甚至击败了风头正健的李·艾科卡。[注4]

　　耶稣为我们指出了一条貌似自相矛盾的道理，那就
是当你不是刻意追求，甚至尽力回避的时候，你就会不
期然地进入了伟大的境界。或者更准确地说就是，谦卑
和奉献是伟大的种子。不必寻求荣耀，时机成熟它自然
会来找你。不必苦思冥想，做好自己的工作，欣赏赞美
他人的贡献而不是沾沾自喜。如果你诚心诚意地做着
这一切，而不是刻意为之，你的努力一定会有回报。

　　这一点在我自己多年的教学工作中也深有体会，我
越是将学生放在第一位，鼓励他们，称赞他们，他们越是

会以激情和进取回报我。当我鼓动他们发挥特有的专长，探索自己的兴趣爱好时，他们往往会出乎意料地将我带入一个成果硕然的项目。有时候他们工作得过于认真投入了，我不得不劝他们放缓脚步，不要在项目上花费太多精力，这样也能让我少一点荣誉。

总而言之，努力去发现每个人身上自然的童真（它们多半早就从我们身上消逝了），比如能够激发创造力的好奇心和平常心，再佐以谦卑和乐观，那么我们就一定会达成目标。每个人都是独特的，都能创造令人惊叹的成就，我们要始终对这一点保持敬畏，并不断地给予他人鼓励，这应该就是耶稣想要告诉我们的。

我最欣赏的霍桑的一句名言，对我们的话题是个很好的总结，虽然霍桑谈论的是幸福，但同样适用于伟大。"幸福就像一只蝴蝶，如果你去追赶它，它就会飞得远远的；如果你静静地坐在那里，它或许就会翩然而至。"

> 通往伟大领导的真正道路，是要谦卑，
> 并在他人身上寻找伟大

注：

1. 见詹姆斯·B.特瑞士（James B. Treece）的《福特是如何做到的》（How Ford Did It,《商业周刊》，1991年10月14日，第26页）及唐纳德·E.皮特森与约翰·希尔科克（John Hillkirk）合著的《更佳创意》（A Better Idea：Redefining the Way Americans Work, New York：Houghton Mifflin, 1991）。

2.《是更佳创意吗?》(A Better Idea? Ford's Leaders Push Radical Shift in Culture as Competition Grows,《华尔街日报》,1985年12月3日）。

3.《福特的创意机器——困境中巨人的崛起》（Ford's Idea Machine-A Once-Troubled Giant Discovers a Recipe for Recovery：Change Everything,《新闻周刊》,1986年11月24日，第66页）。

4.《世界500强/CNN财经热线民意调查：最佳领导人是福特的皮特森》（Fortune 500/CNN Moneyline Poll：The No.1 Leader Is Petersen of Ford,《财富》,1988年10月24日，第69-70页）。

洁净内心

　　耶稣对他们说:"你们也是这样不明白吗?岂不晓得凡从外面进入的,不能污秽人,因为不是入他的心,乃是入他的肚腹,又落到茅厕里。"这是说,各样的食物都是洁净的。又说:"从人里面出来的,那才能污秽人,因为从里面,就是从人心里发出恶念、苟合、偷盗、凶杀、奸淫、贪婪、邪恶、诡诈、淫荡、嫉妒、谤讟、骄傲、狂妄。这一切的恶都是从里面出来,且能污秽人。"(《马可福音》7:18-23)

　　现今的社会,人们更为推崇外在形象的力量,而忽视内在的修为,耶稣的教导为我们指出了另一条通往个人成就的途径。所有的书籍、杂志、电视节目和励志专家都向我们宣讲外在形象管理的重要性,于是我们知道了"穿出成功"（dress for success）的道理，懂得了应该善用言辞，总而言之，就是要提升自己的外在形象，以博取他人的注意力，其目的就在于从别人那里获取你想要的东西。我们总是被教导要学会自制，在别人面前创造出一个美好的形象，这样才能抢得先机。

与世俗的看法恰恰相反，耶稣告诉我们，外表并不重要。虽然他在《马可福音》里说的那些话有特别的指向，针对的是犹太人利用饮食规矩来洁净身体的传统礼仪，但是，其含义又不止于此。他的真正用意恐怕是指心灵的洁净，能够生成诸如诚实和正直等高贵品质。他是在指导我们要洁净内心。他告诉我们外在的事物并不是那么重要，因为它们并不能真正进入我们的内心，相反，我们应该自我省察，让内心与外在行为相一致。

不可否认，我们当中的很多人都更看重外在的自我（这其实就是内心缺陷的一种表现），很多人吃喝无度，四体不勤，于是拼命想改变自己发福的身躯。确实，大多数人都有这样那样的不良生活习惯需要纠正，至少，多出来的几磅肉和松弛的肚腩时时会提醒我们赶快采取行动。

但是，我们通常会忘记不良的心理习惯也在逐渐形成，慢慢地扭曲了我们的心灵。我敢保证，我们当中多数人的内心比外形更不健康，内心的病态有很多典型的症状，例如，长时间地泡在电视机前，狂热的物质追求和冷漠的人际关系，回避深度的思考和学习。另外，由于过度追求权力和利益，还产生了包括自私自恋、道德沦丧、不顾道义的抉择等等症状。早在两千年前，耶稣就告诫我们，要注重内心，如今，我们更是需要如此。

自我省察和自我分析是洁净内心的两大基础步骤。首先，我们要认真地察看自己内心的景况，仔细观察，并把那些影响我们生活品质的想法记录下来，这无疑是很有帮助的。例如，我们可以问自己，职业生活中的哪些方面让我们费尽心思？是什么让我们的内心迅速沉沦？我们也可以在随身携带的小纸条上将相应的反应记录下来。（什么时候发生的？持续了多久？造成了什么后果？等等。）

观察的结果积累到一定的程度，我们就可以凭借这些信息来进行下一步的分析，我们应该如何做才能更有成效地应对？我们应该如何养成更有建设性的心理习惯？我们有什么认知资源可弥补内在的缺陷？有没有一本书或者一堂课可以让我们学会重新开始？如何让我们的内心更趋完美？有没有心理的或者精神层面的训练课程可以参加？

多年来，我让我的职业 MBA 班级的学生以及培训项目的人员参与个人自我领导训练，针对自我的不同情况，他们研制出相应的自我领导方案。他们创造了一个虚拟的人物克利斯，作为有代表意义的典型。

克利斯因为自己的权威多次受到挑战，他开始怀疑他的下属以及他自己都有品行上的毛病。他花了两个星期的时间,记下了每一个使他发怒,进而让他以惩罚性手段对待他人的事件,他发现自己平均每天都有三、四次不愉快的经历,大约90%的几率是因为下属没有不打折扣地执行他的指令。当他回顾这些事件以及下属的反应时,他意识到自己之所以发怒是因为他的指令受到了质疑,他的方法也没有被完全采纳,也就是说,在潜意识中,他在抗拒下属的自由思维和创意表现,因为当自己的权威受到威胁时,他丧失了安全感。

在接下来的几个月里,项目一旦分配给手下的员工,克利斯就刻意地不再过问,为的是让手下有更多自由发挥的余地,增强他们做主人的感觉。慢慢地,克利斯情绪化的不良反应消失了,而手下员工的士气日益高扬。克利斯的体会是,这样的转变虽然很不容易做到,但是一切的努力都是值得的。最重要的是,他终于意识到自己最严重的人际交往方面的问题其实源自于内心。

洁净内心非常重要,原因之一在于它能让我们更好地帮助他人。这就再次向我们提出了一个严峻的问题:如果我们连自己都领导不好,又如何能领导他人呢?答案是,我们确实做不到。我们内心的消极因素让我们踯躅不前。而且,我们虚假的外表多半迟早会让别人识破,我们的所作所为、言行举止、情绪的波动,都会将我们的内心出卖。

　　我们必须反复强调的是，影响他人最见效的方式就是树立一个榜样，我们的选择及其产生的结果比任何语言都更有说服力。而我们内心的所思所想正是外在一举一动的根源，正如耶稣所说的："从人里面出来的，那才能污秽人……这一切的恶都是从里面出来，且能污秽人。"但是任何积极的行动都需要有坚实的心理基础，在某一特定的情形下逼着自己做一次正确的选择并不够，因为即使这一次做得好并不代表我们的思想已经起了根本性的变化，下一次遇到相同的情形我们还是会觉得很勉强。我们只有把重心转移到内心的改造上来，让内心成为正确行动的动力源，才能源源不断地做出足以成为他人榜样的行为。

　　内心若是洁净了，外在的行为自然就会改善。

内外兼修是领导者的最佳状态

不要为明天忧虑

所以我告诉你们：不要为生命忧虑吃什么，喝什么，为身体忧虑穿什么。生命不胜于饮食吗？身体不胜于衣裳吗？你们看那天上的飞鸟，也不种，也不收，也不积蓄在仓里，你们的天父尚且养活它。你们不比飞鸟贵重得多吗？你们哪一个能用思虑使寿数多加一刻呢？何必为衣裳忧虑呢？你想：野地里的百合花怎么长起来；它也不劳苦，也不纺线；然而我告诉你们：就是所罗门极荣华的时候，他所穿戴的还不如这花一朵呢！……所以，不要为明天忧虑，因为明天自有明天的忧虑；一天的难处一天当就够了。（《马太福音》6：25－29,34）

你有没有习惯性的忧虑？你是否把很多的心思和精力花在为过去的失误懊悔、为将来的失败担忧？当你忧虑的时候，你对自己的成就是如何评价的？你忧心忡忡的回报是什么？如果说成为他人领导的第一步是成为自己的领导，那你认为忧虑是一种好的素质吗？

耶稣的比喻明白无误地向我们揭示了忧虑是毫无意义的，他的语气在诗意中带着犀利："你们看那天上的飞鸟，也不种，也不收，也不积蓄在仓里……你想：野地里的百合花怎么长起来；它也不劳苦，也不纺线；然而我告诉你们：就是所罗门极荣华的时候，他所穿戴的还不如这花一朵呢！"确实，天上的飞鸟和野地里盛开的百合花不会为昨天的失误和明天的灾难忧虑，但它们依然活得好好的。事实上，它们岂止是活得好好的，当鸟儿鸣叫着穿越云层，当花儿装点着田野大地，它们构成了生活中最美丽最芬芳的画面。"为什么忧虑呢？"耶稣这样问我们，忧虑是非常不明智的。

耶稣的诗意语言并不限于对自然的描述，其实，我个人最喜爱的部分是以下的几句："你们哪一个能用思虑使寿数多加一刻呢"；在《路加福音》中，他又说："这最小的事你们尚且不能作，为什么还忧虑其余的事呢？"（《路加福音》12：26）耶稣的质问挑战着我们，既然忧虑的结果是一无所获，那又何必花费时间和精力呢？除非我们是受虐狂，我们不会在忧虑的过程中享受到一丝一毫。就像耶稣所指出的，思虑不能使我们的寿数多加一刻。事实上，大量医学研究的结果表明，由焦虑引起的心理压力会产生一系列的健康问题，包括癌症和心脏病等等危害性极强的疾患。所以说，忧虑不仅不能延长寿命，反而会使人受损折寿。

在工作上和私人生活中引起的内心挣扎和各种压力对人的生理和心理健康影响最大，大量的研究将五花八门的健康问题和高昂的医疗费用归咎于心理压力，（在美国，工作引起的心理压力所造成的费用估计每年高达2000亿美元。）难怪联合国国际劳工组织会将压力命名为"21世纪病"。[注1]一句话，压力会将我们的生活搞得一团糟，而导致这种毁灭性的压力的原因之一，就是我们所说的忧虑。

尽管在过去的几十年里，人类所获得的知识和医疗技术有了长足的进步，但是如影相随的忧虑和压力仍无处不在。例如，近来职场中的人最大的心病就是怕丢了工作，一个历时四年，覆盖了220万人的调查发现，近一半的美国人担心失去工作机会。[注2]而且，半数员工都认为即使工作出色，也难保不被开除。虽然这种忧虑不难理解，因为确实很多人被炒了鱿鱼，但是在一个失业率相对较低的时期，这样的忧虑倒是很耐人寻味。

当然，忧虑伤身已是老生常谈，我们早就听说过了，而且，我们大都能够接受并且相信这样的论断。问题是如何对付忧虑的侵袭，对于人类来说，这可是个莫大的挑战。忧虑会造成体力衰竭、疾病缠身、神迷意乱，甚至会伤害到和他人的交往。我自己就碰到过很多这样的事例，我以前做零售业的时候，我的一位老板就因为忧虑过度而患上了严重的失眠症和神经性肠胃炎，时常病恹恹的。另外还有一位以前的同事向我诉说他每晚都要喝得酩酊大醉，以此麻木由于焦虑和担忧引起的痛苦。还有一位同事，他坚信自己的一位好友之所以死于癌症，就是因为常年为工作上的事情忧心忡忡。这样的例子数不胜数。我自己也有过类似的经历，在一段充满压力的时期里，我的生理和心理出现了一系列的不适，于是缓解忧虑就成了我生活中的当务之急。总而言之，因忧虑而产生的压力和各种疾患、酗酒吸毒等等生活中的噪音有着密切的联系。

在如今这个快节奏、充满竞争的社会，似乎到处都有许诺可以帮助我们摆脱忧虑的励志书籍和讲座，它们之中的一部分确实提供了暂时的缓解，但不幸的是，对于大多数人来说，这些缓解手段中的绝大部分只能是短期有效，有些根本是无的放矢。我们真正需要的也许是一个信仰系统的彻底转换，以及经过深思熟虑的、针对个人行为习惯的一系列步骤，以此来对付阴魂不散的忧虑。当我们改变了对自己的看法，改变了日常的生活习性，这才是为彻底驱散忧虑打下坚实的基础。

我个人的感觉是，自我心理帮助的哲理和窍门有一定作用，但是并不够。所以，和很多人一样，我一直在寻求内心的平静和满足，只有那样才能使我们的生活健康而充满力量，没有忧虑，没有精力的无谓流失。经过广泛的研究，我认为两千年前耶稣给予我们的教导最为有力，也最为诚恳坦率。

耶稣的观点无需现代研究的佐证，忧虑以及它所引起的压力剥夺了生活的快乐，没有给我们留下任何有意义的东西。它留在我们心里的是不安，留在我们身上的是痛苦，它让我们筋疲力尽，脾气暴躁。虽然我们可以相信，当我们为别人担忧的时候，担忧就变成了爱的标志，但是，当忧愁降临自身的时候，我们爱的能力也被削弱了。

那么，面对忧虑，我们该做什么呢？耶稣给了我们两个建议。首先，要意识到忧虑的存在，同时要知道忧虑是没有用的。这样，我们才能把握住自己的思想，而不是任由忧虑侵犯我们的心灵，掠夺我们的精力，我们要充分地意识到忧虑的存在，并认定它是一种对精力的浪费。这个第一步非常重要，因为它建立了谋求变化的基础和动力。其次，耶稣告诫我们不要为明天担忧，今天的烦恼今天担当。耶稣的告诫和当前流行的看法不谋而合：着眼于当下，抓住今天的每一刻。

当然，依据耶稣的教导，击退忧虑的处方还有很多，例如，罗兰德·佛朗斯比（Rowland Folensbee，休斯敦地区一家抗忧虑诊所所长）就提出了一套包括三个步骤的方法：第一，忧虑一出现就要正视它。第二，用肌肉放松或冥想（耶稣提议用祷告）等方式分散注意力。第三，每天抽出半小时，在这半小时里尽情忧虑。[注3]没错，最后一步就是让我们每天都有一段时间能专注于忧虑，以此来减少忧虑。为了不让忧虑肆意泛滥，我们把忧虑集中起来，每天在设定好的时间里释放一下，这有点类似于打预防针。

很多尝试过这种方法的患者感觉症状有所减轻，例如，一位保险公司的总裁声称常年受困于忧虑，经常被无眠的夜晚折磨得疲惫不堪，他的生活质量和工作能力因而大受影响。在医生指导下，他采用了上述的方法，几个月后他的忧虑消失得无影无踪了。正如他自己所说的："在半个小时的忧虑时间里，我都找不到什么值得忧虑的事情了。"[注4]

鉴于忧虑是如此的不合逻辑，又是如此的愚不可及，耶稣在质问我们，为什么不采取行动遏制忧虑，反而让它牵制着我们呢？有效的忧虑抑制是我们送给自己的一份大礼，是通往自我领导的重要一步，是我们成功地领导他人的保证。

> 摆脱忧虑能使我们释放领导自我和
> 领导他人的活力与潜能

注：

1. 见里欧纳德·斯维特（Leonard Sweet）的《耶稣为健康生活开出的处方》(The Jesus Prescription for a Healthy Life, Nashville：Abingdon Press, 1996)。

2. 见朱利·阿莫帕拉诺（Julie Amparano）的《失业的担忧》(Workers Fear Job Loss, Arizona Republic, 1997 年 1 月 29 日, E1 及 E3 版)。

3. 见詹姆斯·林肯·考利尔（James Lincoln Collier）的《战胜忧虑》(Winning Over Worry,《读者文摘》, 1988 年 4 月号, 第 183 - 186 页)。

4. 同上书, 第 86 页。

凯撒的归给凯撒

[文士和祭司长]于是窥探耶稣,打发奸细装作好人,要在他的话上得把柄,好将他交在巡抚的政权之下。奸细就问耶稣说:"夫子,我们晓得你所讲、所传都是正道,也不取人的外貌,乃是诚诚实实传神的道。我们纳税给凯撒,可以不可以?"耶稣看出他们的诡诈,就对他们说:"拿一个银钱来给我看。这像和这号是谁的?"他们说:"是凯撒的。"耶稣说:"这样,凯撒的物当归给凯撒,神的物当归给神。"他们当着百姓,在这话上得不着把柄,又希奇他的应对,就闭口无言了。(《路加福音》20:20-26)

纵观耶稣一生的言行,显而易见的是,他的教导是建立在坚实的道德与伦理基础之上,自私自利的不道德行为是绝不能接受的。上面引述的《路加福音》中的这段经文描述了一个生动的场景，在这里，耶稣面对的挑战是如何应对一个情绪化的、有争议的话题。这个话题的要义在于该不该向人们强行征税，尤其是当税吏经常过度征收并将其中的一部分中饱私囊，这在当时是个热门话题。

依照耶稣明确的道德要求，在这样的场景里，人们自然会认为耶稣一定会说征税是不对的。这样一来耶稣就是在公开场合和当权者唱反调了，这可是会触犯律法的。但是，耶稣已经意识到这个圈套，他的回答大大出乎挑衅者的意料。他完全没有公开反对税收制度，他仅仅表明一个简单的道理：属于凯撒的，就应该归给凯撒；属于上帝的，就应该归给上帝。

原本属于凯撒的东西就应该归还给凯撒，这个想法没有什么不对。我们每天都会面对大量类似的物归原主的情景，比如，当我们从商店里购买商品，或者雇用他人为我们服务，我们就应该付钱给他们，因为我们欠了他们。支付政府税收也是出于国家财政各项福利和义务的需要，这是一个可以接受的义务（也许在很多人眼里税收等同于暴政）。

相比之下，把原本属于上帝的归还给上帝这种说法可能过于抽象，让人有些难以理解。就让我们把它想象成上帝的呼召，按照耶稣的说法就是上帝的旨意，上帝希望我们行善的旨意。也就是说，积累好行为，并以我们的行为去影响他人，这就是将属于上帝的归还给上帝。从这个出发点来说，为我们的国王凯撒（也就是我们的组织）服务，那也是合乎道德与伦理的选择，当然，个别人的诡诈和以权谋私挑战了伦理的底限，这样的情况是应该排除在外的。

20多年来，在潜心研究领导力的过程中，我遇到并欣然接受过无数种对杰出领导人所下的定义，其中的一种观点认为，那些将美好的愿景描绘出来，并激励追随者们义无反顾地去追求的领导人才是最杰出的。在描绘这种美好愿景的时候，是领导人的个人魅力促使追随者们奔向一个共同的目标。我曾用"愿景英雄"（visionary hero）来称呼这一类领导人，[注1] 有意思的是，当我将马丁·路德·金、圣雄甘地、约翰·肯尼迪或圣女贞德归入这一类领导人时，听众都以理解和敬重来接受我的观点；可是，当我提及另外一些"愿景英雄"的名字时，如阿道夫·希特勒、戴维·柯瑞斯（David koresh）和吉姆·琼斯（Jim Jones），听众的反应就相当激烈，他们显然不愿将这样的"反英雄"视为领袖。所以，在很多人眼里，缺少道德伦理底线的人是不能被称之为领导者的，无论从哪种角度来看，在行为上遵守道德伦理规范都是领导力的核心。

遗憾的是，对公众人物伦理道德上的要求并没有延伸到普通人的兴趣、行为和期望之中。《哈佛商业评论》前主编肯尼斯·安德鲁在他的《实践中的伦理》一书中指出,让商业领袖宣讲商业伦理难度极大,笼统的伦理规范是一回事,具体到某一情境上又是一回事。即使别人的选择显然与伦理标准有很大出入,作为领导者也很不情愿指出来,因为他们自己在高度敏感、关乎伦理道德的决定上也是经不起推敲的,这一点他们心中很清楚。而他们的沉默等于向别人透露了自己对伦理道德的漠然与轻视。〔注2〕

　　亚利桑那州立大学实用伦理学中心主任玛丽安·杰宁斯教授有过很不愉快的经历,很多学过她的商业伦理学课程的 MBA 学生都表示后悔,因为他们觉得上这样的课是浪费时间,学生们的反应使杰宁斯教授深感意外。〔注3〕对杰宁斯教授的学生情况调查结果显示,在这些来自于"Generation X"(指上世纪六、七十年代出生的人。——译者注)的未来商业领导人当中,有三分之二的人是带着模糊的价值观进入她的教室的,伦理观念对于他们来说相当陌生。"他们当中有一些人简直令人吃惊。"杰宁斯教授感叹道。

　　我发现了一个有意思的现象,如今,员工违反伦理的行为经常和公司违反伦理的行为相呼应,也就是说,员工常常拿公司的行为替自己开脱。我们经常听到下面的这些论调:"既然公司能从公众那里偷东西,我们为什么不能从公司偷东西呢?""大家都把公司的东西派了私人用场,我为什么不可以呢?""再说了,公司的利润之所以这么肥厚,还不是靠压榨像我这样辛辛苦苦加班的打工仔?"这就是他们的逻辑。

克萨凡·耐尔在他的书中曾经描述过他亲眼所见的职场百态,一些商业主管看到落魄的同事就避之不及,他们"因为怕影响到自己的事业,连保持友谊的勇气都丧失了"。[注4]耐尔把这种行为与圣雄甘地的道德勇气相比较,甘地无视既定法规,冲破强大的世俗阻力,为社会最底层的吠舍阶级奔走,为印度的独立奔走。当他面对法官时,他如此陈述:"我甘愿接受对我的最高惩罚,因为从法律上来说,我构成了故意犯罪,但对于我自己来说,这是我作为公民的最高职责。"[注5]

在很多情况下,领导力的执行都需要有道德勇气。当艾伦·弗尔斯坦的纺织公司几乎被大火烧成废墟的时候,他就表现出了这种勇气,他的故事在本书的最后一章中还会提到。在重建家园的过程中,弗尔斯坦冒着巨大风险,倾其所有,保留住所有员工,也因此挽救了马萨诸塞州的小镇劳伦斯。事后,弗尔斯坦从他充满勇气的道德选择中获得了巨大的精神满足,作为一个连锁反应,他的财政收入也极为可观。

耶稣在他的教导中表露了对金钱的态度,他似乎在告诫人们不要把金钱看得太重,即使他所面对的挑战就是与金钱有关的。他更关注的是将属于上帝的还给上帝,而不是金钱本身。而弗尔斯坦的发现是,合乎伦理的行为能够带来财富。

虽然有些学生对杰宁斯教授宣讲犹太-基督教的价值观表示不满，但杰宁斯教授坚称自己的课程更偏重于纯粹的财经数学，她只是想让学生们看到，在商业领域，使用不当的经营手段，最终将自食其果。她指出："每一个拙劣的价值取向都会给公司和当事人带来严重的后果。"[注6]她总结出虽然最受损害的应该是人格的健全，但是，不良后果还包括事业的受挫和财政上的损失。确实，当我们遵守伦理规范时可能会将金钱放在诚信和他人的福祉之后，但是，在我们最终的回报中一定会有经济上的收获。

总之，耶稣说过把属于凯撒的归给凯撒，但是，他没有说人们应该把道德和尊严也献给凯撒。同样，在我们的职业生涯中，我们的公司只能从我们这里拿走应得的那一部分，而不该对我们违反伦理道德的行为有所期待：我们不能诱导或欺骗客户，我们不能违法乱纪，我们不能靠压榨员工来获得更高的生产力或者降低成本，我们应该尊重员工，而不是将他们当作官僚机构中的一台没有感觉的机器。耶稣的教导告诉我们，我们应该给予上级他们所期待的，但是，我们也要保留自己做人的道德尊严。作为领导，我们要保持人格的健全，这一点，对于我们的下属来说，也同样重要。

| 健全的人格既是领导人的素质，也是对下属的期望 |

注：

1. 见前引亨利·P.希姆斯与查尔斯·C.曼兹合著的《英雄的公司》。

2. 见肯尼斯·安德鲁(Kenneth R. Andrews)的《实践中的伦理》(Ethics in Practice: Managing the Moral Corporation, Boston: Harvard Business School Press, 1989,第281页)。

3. 见雪利·博尔斯(Sherry Boas)的《ASU课程中显现出的 Generation X 价值观》(Generation X's Values Revealed in ASU Class, Temple Tribune, 1997 年 2 月 10 日,A1 及 A6 版)。

4. 见克萨凡·耐尔(Keshavan Nair)的《更高境界的领导力》(A Higher Standard of Leadership: Lessons from the Life of Gandhi, San Francisco: BK, 1994, 第 52 页)。

5. 同上书,第52页。

6. 同注 3,A6 版。

点亮你的灯

你们是世上的光。城造在山上，是不能隐藏的。人点灯，不放在斗底下，是放在灯台上，就照亮一家的人。你们的光也当这样照在人前，叫他们看见你们的好行为，便将荣耀归给你们在天上的父。（《马太福音》5：14－16）

本书的第一部分快要结束了，在这一部分中，我们把重点放在了耶稣关于如何提高自身修养，如何领导自我的理论上。最后，让我们来思考一下如何做一个榜样，让我们的行动来影响他人。在很多情况下，所谓领导力的核心，无非是领导人如何为他人树立一个榜样。通常，普通人都会乐于关注领导人是怎样做的，他们是怎样生活的，以及他们是如何对待他人的。

因此，我们的责任是重大的，任何鼠目寸光、自私自利、违反伦理的行为都将造成恶劣的影响。同时,在众人的眼皮底下生活又是一个很好的机会,我们可以将积极的管理风格贯穿于生活之中,把语言变成行动,让事实说话。

对于我个人来说,想到自己担任着大学教授、咨询师、家长(这是最重要的)等等角色,我就觉得时刻面临挑战。无论是对待学生还是客户,我愿意让他们自己掌握主动权,我也要时时提醒自己不要越俎代庖。有时候,当我给学生们提出一个问题,(比如,"我们班的自我领导项目应该包括哪些个人面临的挑战?")我很想说出我自己的答案和意见,但我拼命压抑着这种冲动,而是鼓励学生自己思考,自己决定。当我向我的孩子们传输道德和伦理规范时,我也深切地感受到了以身作则的难处,因为我要时刻提醒自己做出合乎伦理的选择。当我上饭店吃饭,面对多找回来的钱,我不能心安理得地收起来,而是要把钱还给收银员,这样做也是为了让孩子知道诚实有多么重要。

我们确实像一盏灯,只有悉心呵护,擦得亮亮的,才能照射出明亮的灯光,前面我们提到的种种自我完善的目的就是为了达到这样的境界。耶稣在激励每一位领导人都要"你们的光也当这样照在人前,叫他们看见你们的好行为"时,他指出,我们不必躲躲闪闪,让我们健康积极的形象成为他人的榜样力量。

还有一点非常重要,那就是我们要言行一致。关于

这一点,《圣经》有这样一段记述:

一个人有两个儿子。他来对大儿子说:"我儿,你今天到葡萄园里去作工。"他回答说:"我不去。"以后自己懊悔,就去了。又来对小儿子也是这样说。他回答说:"父啊,我去",他却不去。你们想这两个儿子,是哪一个遵行父命呢?(《马太福音》21:28-31)

显然,表面说得好听是没用的,我们要把语言变成行动,否则,这盏灯就不知照向何方,前行的方向就会迷失。

言行不一最严重的后果之一就是信用的丧失,如果人们对我们说的话产生怀疑,又如何让他们积极响应我们的领导呢?这个道理既浅显又深刻。只有真诚和坦率才能换来人们的信任和奉献。

巴西制造商塞氏集团公司(Semco)CEO里卡多·塞姆勒的经历戏剧化地诠释了上述理念,塞姆勒在经历了难言的压力和健康问题,并且意识到自己强硬的领导方式严重影响了员工的积极性之后,他开始尝试授权,以此来激发员工自我领导的潜力。他所做的第一件事情就是改变自我,在整顿公司之前他首先调整自身。他放缓了工作节奏,减少了工作时间,他不再一天工作18个小时,他的员工开始拥有为公司奉献的主动权,并且在精神上体会到了做主人的感觉。塞姆勒的领导方式有了天翻地覆的变化,其标志就是权力的下放和分散。

塞姆勒对授权的推崇并不只是停留在口头上,而是采取了一系列行动使之成为现实。他取消了公司原有的九个管理阶层,他把决策权交到员工手中,员工可以自行决定工作的日程安排,参与表决公司所有的重大事务,在某些情境下员工们甚至能自行决定薪酬。塞姆勒认为看重身份地位的经理和等级制度将是新政实施的绊脚石,所以他阻止经理们参与民主的决策过程。除非有下属的一致通过,否则经理将得不到雇用或者升迁,员工们每年有两次机会对自己的顶头上司做出评估,并对整个公司的可信度和高级管理层做出评价。[注1]

塞氏集团公司的员工们对塞姆勒的领导给予了极大的信任,因为他用行动实践着自己的承诺。塞姆勒用自己的语言为未来的工作环境描绘了一幅明朗的前景,并以自己的行动为这幅前景做出承诺,"员工可以将墙壁涂成他们所喜爱的任何颜色,他们可以自己决定几点钟上班,他们可以穿着舒服的衣服,他们想做什么就做什么,只要他们能够把生产效率和利润搞上去。"[注2]塞姆勒以自己的行动为整个公司的员工点亮了一盏明灯,这盏明灯成了他特有的领导方式的中心,而员工们没有辜负他的希望,他们对塞姆勒的回报是公司业绩的提升(例如,在销售上实现了600%的增长),以及对公司的无比忠诚和信任。用一位员工的话来说,塞氏集团公司"成了工作

的天堂,没有人舍得离开"。[注3]

在这里,耶稣再一次向我们发出了挑战。他说:"你们是世上的光……照亮一家的人。"他的这句话留给了我们几个值得深思的问题:我们应该发出何种光亮?(是公义的和怜悯的吗?)屋里有谁呢?(哪些人需要我们光照?)我们的光亮照向何方?(我们的榜样揭示了何种领导方式?)这些都是很有意义的问题,耶稣教导的主旨在于告诫我们不要遮盖自己的光亮,让我们始终成为他人的榜样,无论我们是否接受耶稣的教导,他的正确性都无可否认,即便我们对此视而不见或做鸵鸟状(将灯掩藏在斗底下)。

有时候,生活中的学习机会在最不经意间会出现,我们家那只大猫会在她心情好的时候跳上椅子或者沙发,然后把头埋在身子里,她觉得这样一来就把自己隐藏好了。可事实上,她毛茸茸的身体和肥墩墩的臀部完全暴露在人们的视线之中,那景象真是十分可笑。实际上,领导者也不可能长时间对自己的选择和行动遮遮掩掩,如果他们真的那样做的话,也将是同样可笑的。让所有的人看见自己的光亮,这对于领导人来说,既是重大的机遇,也是沉重的负担。

> **优秀的领导人用自己的光芒照亮追随者前进的方向**

注：

1. 见里卡多·塞姆勒（RicardoSemler）的《没有管理层的管理法》（Managing Without Managers,《哈佛商业评论》,1989 年 9 月、10 月号,第 76 - 84 页）。

2. 同上文,第 84 页。

3. 见弗朗克·欧坦纳尔（Frank O'Donnell）的《当员工成为老板》（When Workers Are Bosses,《华盛顿邮报》,1993 年 9 月 14 日,B2 版）。

第 2 部分

怜悯之心

对于领导人来说,怜悯之心比什么都重要。当有缺
点的人去领导其他有缺点的人,怜悯之心是唯一
可靠的领导元素,它源自于真正的智慧。

勿在玻璃屋中抛石头

文士和法利赛人带着一个行淫时被拿的妇人来，叫她站在当中。就对耶稣说："夫子，这妇人是正行淫之时被拿的。摩西在律法上吩咐我们，把这样的妇人用石头打死。你说该把她怎么样呢？"他们说这话，乃试探耶稣，要得着告他的把柄。耶稣却弯着腰用指头在地上画字。他们还是不住地问他，耶稣就直起腰来，对他们说："你们中间谁是没有罪的，谁就可以先拿石头打她。"于是又弯着腰用指头在地上画字。他们听见这话，就从老到少一个一个地都出去了，只剩下耶稣一人，还有那妇人仍然站在当中。耶稣就直起腰来，对她说："妇人，那些人在哪里呢？没有人定你的罪吗？"她说："主啊，没有。"耶稣说："我也不定你的罪，去吧！从此不要再犯罪了。"（《约翰福音》8：3-10）

这段精彩的叙述包含了多个相互关联的部分,它是富于激情的领导人直面挑战的写照。首先,它清楚地交待了事件的发生是不容置疑的,"这妇人是正行淫之时被拿的"。没有疑义,事实已经发生了。其次,根据摩西的律法,这种行淫的妇人是应该被石头砸死的,这种惩罚是明文规定的,但耶稣却并不以为然。不过,耶稣并未直接告诉他人应该怎么做,而是保持缄默,让他们自己去思考。当他们不断地逼问,耶稣还是没有对他们进行说教,而是反戈一击,让他们省察自己的行为,然后再作决定。他一语中的:"你们中间谁是没有罪的,谁就可以先拿石头打她。"

这样,没有直接的命令和控制,耶稣把自我领导的机会交给了文士和法利赛人,他们本来毫无疑问地将要依照律法来制裁这名妇人,之所以没有立即执行,是因为要用这个事件来试探耶稣,而耶稣则巧妙地把难题推给了对方,并直接挑战了他们对自己的判断。当那些人一个一个羞愧地离开时,耶稣依然保持着原来的姿势在地上画字。

我曾经目睹了许多优秀的领导人在相似的经历中表现出非凡的领导才能,虽然他们可能不如耶稣那么富有技巧。在授权的过程中,为员工解决问题并把答案告诉他们是无济于事的,员工必须学会自己解决问题,也就是说,成为自己的领导。

在这里，耶稣同时揭示出做人的两条原则，对他人，要充满怜悯和爱；对自己，要诚实而自律。也许我们羞于承认，但是，就人类的本性来说，我们往往在对照别人的错误和过失之际会产生自以为是的心理，当我们看到别人的缺点更甚于自己时，这种心理更加得到了强化。显然，这是人性中阴暗的一面，我们应该尽己所能去防止它，去克服它。

但是，我认为耶稣教导的意义并不止于此。在他人堕落的过程中，我们经常有意无意地起到推波助澜的作用，主要表现在对他人不够完美的品性横加论断，有时是直接谴责，有时是在他人有需要的时候没有伸出援助的双手，在这种时候，即使一个鼓励的微笑都会产生极大的作用。当犯有过失的人成为众人责难的对象时，仅仅保持旁观者的身份是不够的。耶稣用怜悯人的情怀为我们树立了一个榜样，他伸手扶起跌倒的人，给他们机会悔改，并目送他们蹒跚而行的身影，直到他们走上正路。

在很多时候，接受并帮助他人并不容易，尤其是当他们明显地步入歧途之际。比如，当一个抢劫犯受到公众的严惩时，很少有人能够保持冷静而不被众人的情绪所感染。但是，耶稣教导我们要看得更为深远，不管这个人做了什么大逆不道的事，我们都要努力去发掘潜藏在他身上的价值。这并不是说那些公然冒犯他人，侵害他人利益，所作所为违反伦理道德的人不应该为自己的行为付出代价，但是在很多情况下，追究责任、严惩不殆往往是过激的行为。

有一次，在我出差前往机场的路上，上演了一幕发生在出租车里的惊险之旅，当时我尽力抓住扶手，不然的话，有好几次我都差点儿被甩出去，同时我还要听司机喋喋不休地抱怨就要迟到了。最后，我忍不住问他到底是怎么回事，于是我了解到，这位司机所属的公司有一条硬性规定，凡是接客晚了，或者出一次车祸，无论过错在谁，也无论事故大小，这个司机都将受到三天不得上岗的惩罚。当这位司机准备左转的时候，他急躁地等待着慢吞吞的行人，身子不安地在座位上扭动着，嘴里还在嘟囔："要是我撞到一个行人的话，那可得在家蹲五天了。"当我屏息静气地坐在车上，不由得心想这些行人的人身安全就维系在那两个多出来的蹲家日子上了。当然，这个例子有点极端，但从我的经验和研究结果来看，很多公司为了控制员工的行为，不惜以牺牲员工对公司的忠诚和客户服务质量为代价。

与此相反，有些公司把失败经历当作难得的学习机会，一位铸造厂总经理的做法就相当典型。这位总经理最近推行了一套迎新程序，这套程序得以让新员工接近并熟悉今后所要操作的机器。一天，一位员工向他汇报，由于操作失误，机器严重受损，这将导致相当一段时间停产，代价非常昂贵。当时，工厂的生产任务特别繁忙，在这节骨眼上机器出故障了,但身边没有一个人可以帮助这位员工,于是他就自己动手解决问题,不料接错了电线,结果这台机器就瘫痪了。这位总经理曾经在迎新阶段亲自和这位员工逐条练习这套操作程序,但是,这位员工在一个重要步骤上出了错。

当这一切解释清楚后,这位员工担心预想中的惩罚就要临到,但没想到总经理只是简单地询问这位员工是否真正理解了问题所在,以及是否还记得正确的接线程序,这位员工回答是的,但承认在忙乱之中搞错了,于是酿成大祸。总经理再次强调了安全的重要性,并提议这位员工在资深电工的指导下重温操作程序。

总经理正要转身离去的时候,这位员工大感不解地拦住他问道:"难道您不准备狠狠地惩罚我吗?"

总经理回答说:"当然不,但是我可以惩罚你,如果那样会使你感觉舒服一点。我只惩罚那些没有行动的人,而不惩罚知错就改的人。难道你准备再犯一次错误吗?"

"绝对不会了!"这位员工坚决地回答,"既然我已经知道错在哪里,就不会再犯了。"

这位总经理的领导方式有效地促进了员工的主动性、技能的发展以及自我领导的能力。在他任职期间,通过类似的领导方式,在公司里营造了一种激励员工自我领导,不断促进创新和生产效率的企业文化。

大多数的人在犯错以后往往陷入自责,甘愿承受惩罚而拒绝他人的帮助,但是,很多错误往往是些无伤大雅的小过失,起因多是人们努力地想做得更好,但由于人性的缺陷而无法避免。旁人的指责与落井下石对当事人没有任何帮助,只能使失足者在泥淖里越陷越深。

耶稣告诫我们要认真地进行自我反省,他再一次将我们引到镜子前面,真诚地面对自己,有道是"住在玻璃屋子里就不要抛石头"(英谚:people who live in glass houses shouldn't throw stones,意思是自己有弱点,就不要说别人。——译者注)。事实上,我们每一个人都住在玻璃屋子里,玻璃的厚度不一,但终究都是玻璃的,当我们遭遇很多不可避免的错误、过失和失败的时候,石头就会砸向我们自己。耶稣说:"你们中间谁是没有罪的,谁就可以先拿石头打她。"于是,"他们听见这话,就从老到少一个一个地都出去了。"也许,能够定期进行这种深刻的自我省察是我们为自己以及为这个世界所做出的最难得、也是最有益的事情,尤其是当我们正准备对他人进行惩戒的时候。

前段时间,我看到一个小小的工具,它能帮助我们时刻提醒自己。那是一颗粘在一张纸头上的小石子,纸头上就印着耶稣讲的那句话。很长一段时间里,我整天把它揣在口袋里,每当我要向别人发难时,我就摸摸这块石头。也许,我们每一个人都应该有这么一块石头,放在口袋里,放在办公桌上,或者任何一个显眼的地方,它将带给我们有益的提醒。

　　我设想应该在家里或办公室里放上这么一盆菜：给一个精美的托盘盖上一个亮晶晶的玻璃罩，五星级饭店里面所用的那种，玻璃罩下面是一颗可以随意抛出去的石头——玻璃罩下面的一颗石头：这是献给优秀领导人的心灵大餐。

> 聪明的领导人知道，既然我们都住在玻璃屋子里，那就放下石头吧！

爱朋友也爱仇敌

你们听见有话说："当爱你的邻舍，恨你的仇敌。"只是我告诉你们：要爱你们的仇敌，为那逼迫你们的祷告。这样，就可以作你们天父的儿子。因为他叫日头照好人，也照歹人；降雨给义人，也给不义的人。你们若单爱那爱你们的人，有什么赏赐呢？就是税吏不也是这样行吗？你们若单请你弟兄的安，比人有什么长处呢？就是外邦人不也是这样行吗？所以你们要完全，像你们的天父完全一样。(《马太福音》5：43－47)

耶稣再一次向我们发出挑战。爱，是耶稣教导的中心，他告诉我们应该把这份珍贵的礼物给予身边所有的人，甚至那些我们认为根本不值得爱的人。在这里，耶稣将爱这个命题严肃地摆在了我们面前，相比之下，我们的文化对待爱的态度真是太轻率了。我们经常将爱视为商品,在追求我们所需要的物质满足和感官快乐的过程中,爱被交换,被消耗了。

数年前流行的一条啤酒广告就是对这种现象的一个讽刺,广告中的那位男子,费尽心机就为了得到他想要的那种牌子的啤酒,种种企图都失败了以后,他只得求助于几个充满神奇力量的字,他神态夸张地说:"嘿,我爱你!"很少有广告能如此直接地触动观众,其中很大一部分的原因在于我们不得不惭愧地承认,我们日益将爱变成了一种可以用来交换的物品。这是一条好笑的广告,演员令人发噱的身体语言无疑是这条广告成功的重要原因,然而,他说出了我们每一个人所能听到的最有冲击力的三个字:"我爱你!"这样饱含感情色彩的话语换回的仅仅是一瓶啤酒,其中的情感落差让人不得不捧腹。

而耶稣的教导使我们面对了一种更为戏剧化的情景,其反差之大,已经难以用幽默来表达,它给我们心灵的撞击就像谚语所说的:脑袋被木棒敲了一下。耶稣教导我们不仅要爱朋友,爱邻舍,还要爱仇敌。也许,他如果用"宽恕"或者"喜欢"这两个词,我们还不至于那么难以接受。但他接着说道,如果我们只爱那些对我们好的人,我们就比税吏好不到哪里去(在耶稣的时代,税吏是最不得人心的那类人,我敢肯定,很多人都会说,这群人在今天也一样不被人待见)。

那么,耶稣为什么要我们去做那么不合情理,那么无法诚心诚意去做好的事情呢? 有些人为了显示自己的大度,降低姿态来强迫自己做出关心仇敌的样子,但是,真心地去爱一个仇敌,恐怕就是强人所难了。耶稣确实给了我们一些提示,告诉我们为什么这个目标虽然看似不合情理,但却十分重要。下面这段话尤其能够给我们一些启发,他说:

你同告你的对头还在路上,就赶紧与他和息,恐怕他把你送给审判官,审判官交付衙役,你就下在监里了。我实在告诉你,若有一文钱没有还清,你断不能从那里出来。(《马太福音》5:25-26)

虽然,耶稣的教导通常看起来是为了别人的益处,但奇怪的是,最终的受益者往往是我们自己。在这个例子里,他教导我们要与敌人和好,这样他们就不会再攻击我们,这确实是一条直白明了又合情合理的建议。

我的一位咨询师同事在一次实际工作经历中学到了这条教训,当时他的任务是指导一家企业从传统的集中库存管理转向团队分权的新型体系。最初,一些中层管理人员感觉自身受到了威胁,因而对咨询师的建议心怀不满,其中一位经理尤其充满恶意。他认为新的体系影响到他在公司里的地位,他有可能因此失去这份工作。

于是，他极力反对咨询师的提议，并且出言不逊，声称咨询师提倡新的工作体系是出于个人私利。在高层领导通过了这项提议之后，这位经理反应过激。

咨询师显然有足够的理由不喜欢这位经理，甚至会希望他被炒鱿鱼。但是，他并没有那样做，相反，他努力去安抚这位经理，耐心地分析新的体系可能带给他的益处，而不是对他的工作造成威胁。在他的感化下，这位经理的态度终于发生了转变，成了新体系坚定的支持者，并在新体系的实施过程中做出了很多贡献，他甚至还公开向咨询师道歉，他的根本性转变使咨询师少了一个敌人，多了一个盟友。[注1]

但是，耶稣的教导含义更为深远，改善我们和对手之间的外部关系仅仅是它的表层。我们都知道，在很多时候，最大的敌人就是我们自己，如果用对抗和仇视来对待那些给我们制造麻烦的人，结果付出巨大代价的将是我们的健康，我们的安宁和我们的生活质量。大量显而易见的证据表明，互助关爱的人际关系对于我们生理和心理的健康来说意义重大，即使宠物带给我们的依恋和喜爱对我们都很有好处。相反，持续地和他人处于争执状态，最终受到伤害的必定是我们自己的身心健康。而且，当我们对某人心怀嫌恶时，我们和他的关系实际上比原谅和忘却他时要接近得多。如果我们始终对别人做下的事耿耿于怀，那么怨恨和沮丧将越积越深。

我们说的这一切并不意味着我们可以任人宰割,而是豁达地让过去的过去。排遣不了的怨恨咬啮我们的内心,使我们的注意力集中在那些最不值得我们去关注的人身上。如果我们总是恨某些人而影响了我们的生活,那我们实际上是把这些人当作了我们精神世界的中心。具有讽刺意味的是,那些我们竭力想摆脱的人比那些值得我们去爱的人占用了我们更多的心思。在某种意义上,我们这样做是和对手一起残害自己,不同的只是对手的攻击来自外部,我们对自身的残害则来自内部。

　　相反,学会去爱,甚至去爱那些我们认为是敌人的人,这不仅使我们摆脱了一个让我们痛苦的对象,也开启了生活中又一个产生欢乐和援助的源泉。简而言之,当我们将爱意表达给我们的敌人时,我们是在创造一个氛围,在这个氛围里,敌人变成了朋友,我们将可以看到,这种爱的受益者其实是我们自己。本书的一个重要主题就是如何让那些被领导的人获取更多的力量,从而实现有效的自我领导。所以,当我们以足够的耐心和同情心关注他们,帮助他们朝着力所能及的方向成长,那么我们在帮助他们的同时也帮助了自己。

　　我的一生多次受益于这种积极而有智慧的人生态度。经常有人提醒我要防备某某上级、同事、下属、客户或学生,有时候,我自己也亲眼看见某些人确实愤世嫉俗、刁钻古怪,但是,每一次我都毫无例外地发现,在和他们打交道的过程中，如果我能够努力地试着和他们建立积极的互助互爱的关系，而不是由着自己的脾性和先入之见拒绝他们，排斥他们，结果往往令人惊喜。出人意料的是，有几位我原先不怎么喜欢的人，别人也提醒过我，他们是很难相处的，经过努力，我却与他们建立了最为美好的友谊。现在，要是再有人提醒我回避某人时，我甚至都会生出好奇和期待，也许，这又是一次给我带来美好体验的机会。在这里，我也衷心地希望，如果我也是别人眼中难相处的人，别人也能有这样的期待。

这个世界上充斥着各种各样的人，有一些人注定会和我们磕磕碰碰，因为他们有着不同的价值观、动机和目的，但是，他们也是我们人生中的一部分。我曾听到过这样一个睿智的建议，我们不应该回避那些让我们头疼的人，因为他们就像一面镜子，能照出我们自身的不足，暴露出我们身上一些深藏不露的弱点。听从了这个建议以后，我找出了一些原本我不太喜欢的人，和他们一起吃饭，聊天，我发现，这种活动既令人愉快，又非常值得一试，在绝大多数的情况下，我发现这些人身上有很多值得我喜爱的地方。

在我们的生活和工作中，都会与很多人相遇，努力发掘和他们之间的共同之处，我们将为自己创造一个更为美好的职业和个人生活。同样的，如果我们帮助他人去发现自我，减少挫折感，让生活更充实，那么他们就能找到提升自我价值的力量。

也许，耶稣在告诉我们，爱他人，尤其是爱那些似乎并不值得我们去爱的人，其实是在爱我们自己。对于那些真心希望能对周围的人起到积极影响的领导来说，爱是产生智慧的不竭源泉。让我们问自己，我的领导是否给予了下属最大的利益？是否表达了对他们真心的爱护？这正是领导的真谛，当被领导的人恰是那些不那么讨我们喜欢的人的时候，这一点尤其正确。这种充满智慧的领导方式的出发点其实就在于对自己的关爱。为什么维尔·罗杰斯（Will Rogers）从来没有遇见过一个他不喜欢的人？因为他真心地爱着自己。

维护被领导者的最大利益是领导的真谛

注：

1. 见查尔斯·C.曼兹与大卫·E.凯汀（David E. Keating）及安妮·多纳隆（Anne Donnellon）合著的《管理的转换》（Preparing for an Organizational Change to Employee Self-Management: The Managerial Transition, Organizational Dynamics, 1990 年，第 19 期，第 15－26 页）。

超越黄金法则

所以，无论何事，你们愿意人怎样待你们，你们也要怎样待人。（《马太福音》7：12）

这条黄金法则可能是世界历史上最受推崇的人际关系策略，它已经有数千年的历史，虽然早在耶稣之前，孔子和佛陀等精神领袖对它已经有过阐述，但直到今天，它依然有其独特的魅力。依照这条法则行事，确实能产生金子般的果效。黄金法则的目的就在于把他人视为具有与生俱来的价值的存在体（灵性层面上的），视为神奇而独特的创造物，无论他们的人格看上去有多少缺陷和不值。每一个人都是独一无二的，都是无法复制的。

静下心来回想一下，在你的一生中，你的领导、上级、导师等等人物是如何以不同的态度对待你的，我猜想你一定领悟到一个简单的事实：当你得不到领导的尊重，被看作是无足轻重的小人物时，你不光是会产生自轻自贱的心理，这位领导的形象在你的心目中也会大打折扣；反之，如果哪位领导对你格外青睐，在你出错的时候依然信任你，能够发掘你的潜力，欣赏你独特的价值，那你也会愿意为他肝脑涂地。

美国西南航空公司的执行董事长暨前任首席执行官赫尔博·凯勒（Herb Kelleher）曾经公开宣布，愿意为自己的员工多做实事，他把记住每一位员工的名字视为首要任务，在任何需要他帮助的场合，他都会出现在员工的身边，和他们并肩工作。他曾亲自搬运行李，还装扮成复活节兔子向旅客致意。他时时流露出对员工格外的关心和照顾，员工们回报他的也同样是感激之情。最有戏剧性的例子恐怕就是在一个老板节（Bosses Day）里，员工们自己出钱花了6万美元在《今日美国》报纸上刊登广告，在广告中他们感谢凯勒不仅仅是他们的老板，还是守护在他们身边的朋友。

厚待他人也是厚待自己。作为一个领导，你经常能在他人身上找到自己想要的东西，你的期望在他们身上有可能实现，也有可能落空。而黄金法则要我们给与他人平等的机会，给与他人同样的尊重，正如我们自己所希望的。大量的研究证实了皮格马利翁效应（Pygmalion Effect，又称为自验预言，指个人对自己的预期通常会在今后的行为中得到验证。——译者注)的力量,最著名的实验发生在哈佛大学心理学家罗伯特·罗森浩(Robert Rosenthal)及拉诺·杰考森的教室里,[注1]这两位心理学家以虚构的 IQ 分数为由,随机地将学生分为有天赋和资质平庸两类,他们告诉任课老师哪些学生是最聪明、最优秀的(事实上完全是随机指定的),于是老师们就特别关照这些"特别优秀的学生":问他们更多的问题,更耐心地等待他们的回答,在各方面更加关心他们。结果,这些学生真的成为了更好的学生——"特别优秀的学生",试想一下,如果全班同学都得到特殊关照会怎样呢?再试想一下,如果我们将每一位下属和同事都视为独一无二的(事实上他们也确实是这样),用我们自己希望得到的尊重去对待他们,结果又将如何呢?

耶稣确实提倡黄金法则,但他更前进一步,他提议我们要善待他人,如同我们希望别人如此对待我们,即使对方不值得我们这样做,即使他们做了很多伤害我们的事。他甚至提出,如果他们向我们进攻(打我们一侧的脸颊),我们也不应该反击,甚而去配合(将另一侧脸颊迎上去)。"有人打你的右脸,连左脸也转过来由他打。"(《马太福音》5:39)这种貌似被动、实则强劲的做法经受了时间的考验,在历史上几个戏剧性关口重复出现,比如,多年之后,甘地的哲学中也出现了与之相通的非暴力思想,这种思想形成了强大的革命力量,进而从根本上永远地改变了印度社会。

耶稣生命的终结是对黄金法则的最高阐释,这种阐释已经超越了普通人对黄金法则的理解,他为别人献出了自己的生命。我们在日常生活中是不可能达到耶稣那种高度的,但是,在生活和领导工作中,即使适当地参照黄金法则,也能为我们获取丰厚的果实。

一次讲座之后,在与听众互动的过程中,一位做学生工作的女士和我们分享了她的一段个人经历,虽然这个故事的结果是歪打正着的,但依然发人深省。有一次,这位女士突发奇想,她要给每一位在上一次期末大考中获得三个或以上的高分的学生家长写信,对这些学生获得的好成绩表示祝贺。这个故事的开头很不错,且让我们看下去。她的助手在准备优秀学生名单时不小心犯了一个错误。因为当时还有一份名单,上面的学生因为表现太差,学校正考虑将他们除名并安置到管教学校去。助手误将两份名单并到了一起,于是两份名单上的学生都收到了热情洋溢的祝贺信。猜猜看,下面将会发生什么呢?又一个学期过去了,搞错的那份名单里的学生全部跻身优等生之列!因为他们中的大多数人是第一次受到如此重视,第一次受到了特殊对待。其结果是,他们身上发生了可喜的转变,他们的行为和他们所受到的待遇趋向一致。

这个故事传递给我们一个重要的信息,当然,它不是要我们去嘉奖不良行为,而是要我们宽容地对待他人,给予别人我们自己希望得到的待遇,或者更多。小小的一点同情心,会带来意想不到的结果。设身处地站在别人的立场上,我们会如何感受? 我们是希望如何被对待的? 当我们遵守黄金法则时,我们会如何回应不同的情景? 你会惊奇地发现,当你遵守了这条法则,它会在你的体内发挥不可思议的力量,而最终的结果很可能比黄金更为可贵。

> **黄金法则是有效领导他人的无价之宝**

注:

　1. 见罗伯特・罗森浩及拉诺・杰考森(Lenore Jacobson)的《教室里的皮格马利翁》(Pygmalion in the Classroom: Teacher Expectations and Pupil's Intellectual Development, New York: Holt, Rinehart and Winston, 1968)。

不要论断别人

你们不要论断人，就不被论断；你们不要定人的罪，就不被定罪；你们要饶恕人，就必蒙饶恕。你们要给人，就必有给你们的，并且用十足的升斗，连摇带按、上尖下流地倒在你们怀里；因为你们用什么量器量给人，也必用什么量器量给你们。（《路加福音》6：37－38）

在前面的章节中，我们提到过那位在与人通奸时被捉的妇女。当众人押送她到耶稣面前，试探耶稣会不会给她定罪时，耶稣只是平静地让自认为道德上洁白无瑕的人扔出第一块石头打她，正因为他们之中没有一个人可以问心无愧，没有一个人从来不曾冤枉过别人或者犯有其他过失，所以，他们中没有一个人能够符合耶稣所提出的道德清白的要求。很显然，这个要求对于任何一个人来说都是不可能达到的,所以他们一个接一个地溜走了。

我们现在看到的这个段落更进一步表达了耶稣的观点。首先,耶稣给了我们一个警告,如果我们不想被他人批评论断,那就不要去批评论断他人;如果我们不想被他人定罪,那就不要给他人定罪。这是一条非常重要的原则,但它太容易被人遗忘。当别人犯了错误,尤其是当这个错误的结果也会影响到我们自己的时候,我们就会忍不住去指责、去惩罚他人。毕竟,他们的疏忽、他们判断能力的欠缺、他们的不良动机,或者无论是什么原因引发了他们的失误,使得我们的批评责难看上去十分公正。当然,我们很有可能冤枉了别人,但是,我们心里会愤愤不平,如果他们是罪有应得,那我们为什么不能批评惩罚他们呢?

耶稣的回答就是:如果我们批评惩罚了别人,我们自己也会受到批评惩罚。我以前在美国一家大型百货商场工作时,曾经目睹了让我至今记忆犹新的一幕。这个例子可以作为耶稣观点的绝好佐证,为了保护当事人的隐私,故事中的人物用的是化名。

比尔是一位参加工作不久的采购助理,汤姆是他的顶头上司,这位上司的固执己见和吹毛求疵让比尔大跌眼镜,最初的两个月,汤姆的百般挑剔使得比尔感到无所适从。无论比尔干得有多好,汤姆总能挑出毛病来。例如,有一位员工离开了公司,比尔接管了他的产品销售任务,后来的数据显示,比尔接管的这段时间里销售额上升了70%,但出乎意料的是,比尔非但没有得到嘉奖,还被骂得狗血喷头,仅仅因为有一部分产品没有放回原处!(在比尔既不知情,又没有批准的情况下,这几件产品被拿出去拍广告了。)

当比尔、汤姆和部门经理坐下来商谈年度发展计划时,情势发生了逆转。部门经理对汤姆严加指责,责怪他对团队管理不力,经理滔滔不绝地骂了汤姆半天,情绪激烈,措辞严厉。

后来,比尔、汤姆、部门经理又向集团副总裁汇报下一个阶段的发展计划,惊人相似的一幕重现了。副总裁对部门经理以及他对部门的管理方式也是横加指责,最后他还声称等到他们向集团总经理汇报最后阶段的发展计划时,总经理会把部门经理撕碎了的。显然这位部门经理没有听取耶稣的警告,不要批评论断,免得被别人批评论断,而这一切恰恰发生了。在下一轮会谈中,总经理对副总裁恶语相加,暴跳如雷,连比尔都为这位副总裁感到尴尬和难过了。"难道你没有跟他们说明,我们新的战略计划将会对他们的部门产生什么影响吗?"总经理咆哮着,"如果管不好你的手下,那就让你的利润见鬼去吧!"

无可否认,我们都是有缺陷的普通人。我们有荣耀、尊贵的时刻,但也不可避免地会遭遇颜面尽失的尴尬处境。尽管我们可以在一段时间里小心谨慎,不出差错,但是,几乎可以肯定的是,这种状态是不可能永远地维持下去的。纵观我的一生,尤其是当我年轻的时候,我不得不痛苦地接受这样的事实,即使是那些最能成为我们榜样的英雄人物,也会不时地做出蠢事。无论是世界级的运动员、楷模式的政治家、杰出的教师、人类学家,还是引人奋发的演说家、宗教领袖,以及数不清的各类优秀人物,都会有他们不尽如人意的时刻。有时候,他们会陷入人生的低谷,其实,我们自己又何以能够独善其身?但摆在我们面前的事实却是,每个人,毫无例外地,都会去指责别人,寻找替罪羊。所谓风水轮流转,我敢打赌,那些最起劲地落井下石的人,一旦形势对他们不利,也是最先受到惩罚的,因果报应,丝毫不爽。

遗憾的是,很多领导人不碰一鼻子灰是不会接受这种教训的,吃了苦头才能明白这个道理。西蒙·舒斯特(Simon & Schuster)公司前首席执行官理查德·施奈德(Richard Snyder)就是一个活生生的例子。他的领导风格就是人们习惯称之为"高压统治"的那一类,他给员工带来的是恐惧和畏缩。当《新闻周刊》采访他的员工时,员工们称他是"令人憎恶的上司",他们用诸如可怕、恐怖、喜怒无常、苛刻和专断等字眼来描述施奈德的领导风格。据说他会无缘无故地解雇那些和他一起坐过电梯的员工,于是员工们都不敢和他一起坐电梯,为此他沾沾自喜。后来,当维亚康姆集团(Viacom)兼并了西蒙·舒斯特公司的母公司派拉蒙集团(Paramount)时,施耐德就被维亚康姆的总裁弗兰克·比昂迪(Frank Biondi Jr.)踢出去了,因为他的领导风格大有问题,并对员工造成了恶劣的影响。[注1]这可真是报应啊!

批评论断还会造成另一个不良的后果,那就是问题往往被掩盖了。因为没有人想在一个主观臆断的领导面前充当报忧的乌鸦,于是,潜在的问题就不能得到及时的解决。记得我在《勿在玻璃屋中抛石头》那一章里提到的那位出租车司机吗?他对这个问题有很清醒的认识,在描述了一番他们公司所推行的惩罚性控制系统之后,他就美国企业的弊端给我上了一课。他指出,"右手不知道左手在干什么;管理层和员工走不到一起。在美国企业里,一个问题往往持续好几个星期得不到解决,因为员工故意不向上头汇报。他们知道谁说谁倒霉,上头一定会拿汇报问题的那个人出气,谁还愿意犯傻呀?"这位司机可真是一语中的啊,这的确是那些依赖于臆断和惩罚手段的领导和企业的真实面目。

另外,当我们去论断、去惩罚别人的时候,尤其是当我们自己也陷入沮丧和愤怒的时候,这种负面影响就开始咬啮我们的身心。詹·卡巴特-辛博士(Jon Kabat-Zinn)为此在马萨诸塞大学医学中心开设减压门诊,来对抗这种自戕行为，他进行了广泛而深入的研究和实践，探索正念冥想（mindfulness meditation）对人体健康的价值。正念是一种古老的佛教修行方式，它帮助我们从庸庸碌碌的、无意识的日常生活中觉醒过来，去享受更健康的、更有明确意义的生活方式。[注2]在这种修行方式中，很重要的一部分就是要我们敞开心胸，停止对身边的人和事物进行主观的论断，让宽容渐渐统领我们的内心，让心灵的压力渐渐消失。卡巴特-辛博士把这种妄加论断的思维倾向比作将一个装满石头的箱子顶在头上，有这种倾向的人时刻承受着自己给自己带来的压力，我们一旦改变这种思维方式，就像把石头彻底地放下来，那么我们的身心都会感受到无比的畅快，让一切都顺其自然，该放下的放下，该看开的看开，这才是真正的身心解放。

有时候，人们会不由自主地在他人困顿的时候落井下石，因为这样做会让自己显得胜人一筹，以此展示自己是多么高明。而他人这时因为正陷于困境，无法有力地为自己辩解，这就助长了这些人的骄奢之心，其实，这种做法于人于己都是有百弊而无一利的。因为，在我们的内心深处，我们都知道自己也是有着这样那样的缺点和错误，并不比他人高明，根本没有权利去指责他人，于是，罪恶感和负疚感相伴而来，当它们充溢在我们内心世界的时候，我们的身心健康已经受到了威胁。而且，当我们热衷于批评指责他人的时候，我们的心胸已经狭窄得容不下任何其他的事物了。

最终，深受其害的还是我们自身，这种动辄挑刺儿的矛头总有一天会对准自己。为什么这么说呢，因为长期生活在左挑鼻子右挑眼的心理氛围之中，我们渐渐地对挑毛病这件事越来越驾轻就熟，不光挑别人的毛病，使得他人在我们眼里日益一钱不值，我们还越来越会挑自己的毛病。这种批评论断的习惯一旦养成，我们就会产生自责自怨的心理定势，老是和自己过不去。由此看来，我们对自己造成的伤害，其实一点都不少于对别人造成的伤害。

记得耶稣指出，要用宽恕代替指责，它能带来意想不到的好处。也许，除了宽恕以外，再也找不到一种更好的办法，来赢得他人对你的赤胆忠心了，尤其是当别人值得你去宽恕的时候。当然，耶稣并不是说你应该用宽恕来换取你想要的东西，相反，当我们真心诚意地宽恕别人时，我们将会得到丰厚的回报，这是一个顺理成章的过程。我们都是普通人，我们应该为自己争取更大的空间，学会宽容和原谅自己。同时，原谅他人，你也会得到原谅。耶稣说，给予他人，你会得到慷慨的回报。

很有意思的是，最近的几位励志作家和演讲家都提出了相似的建议：如果你想得到你所追求的东西，先帮助别人得到他所追求的东西！这种说法和《路加福音》第六章的主旨不谋而合："你们用什么量器量给人，也必用什么量器量给你们。"这也就是说，当你帮助别人、施予别人的时候，你同时也获得了实现自己愿望的动力。如果我们为客户提供最好的服务，帮助他们得到他们想要得到的东西，那么，我们的服务就会大受欢迎，我们的事业也会因此欣欣向荣；如果我们能不断地为他人释疑解惑，那么不仅我们的自信心会大增，我们的位置也将日益牢固，不会被淘汰；如果我们慷慨大度地对待他人，在别人最需要的时候展示我们的宽容，那么我们也将得到别人的宽容和大度。

当然，你也能找出一些个别的事例来反驳我的说法，但是，从长远着眼，这显然是个普遍的规律，养成宽容的习惯，去除动辄批评指责的习气，不仅别人会善待我们，我们自己也会善待自己。换句话说，不要不分青红皂白地妄加论断，那只会给你自己招来仇视和指责；真诚地帮助别人，你将得到敬重、支持和成就。这就是耶稣告诉我们的一个简单的道理。

用宽容代替指责，向困境中的人伸出援手

注：

1. 详见《西蒙·舒斯特的暴君老板是怎样丢掉饭碗的》(How the Despotic Boss of Simon & Schuster Found Himself Jobless,《华尔街日报》,1994 年 7 月 6 日,A7－A8 版,作者为梅戈·考克斯和詹尼·罗勃兹);《西蒙说:滚!》(《新闻周刊》,1994 年 6 月 27 日,第 42－44 页,作者为迈克·梅尔和南希·哈斯);《英雄的公司》(New York: Wiley,1996,第 27 页,作者为亨利·希姆斯和查尔斯·C.曼兹)。

2. 詹·卡巴特-辛博士(Jon Kabat-Zinn)的《正念修行每一天》(Wherever You Go, There You Are: Mindfulness Meditation in Everyday life, New York: Hyperion,1994,第 3 页)。

寻回丢失的羊

一个人若有一百只羊,一只走迷了路,你们的意思如何?他岂不撇下这九十九只,往山里去找那只迷路的羊吗?若是找着了,我实在告诉你们:他为这一只羊欢喜,比为那没有迷路的九十九只欢喜还大呢!(《马太福音》18:12-13)

这里,我们将面对一个艰难的选择。如今,大规模的裁减雇员正当其时,无论他们如何粉饰事实,用种种说辞来推脱责任,称之为机构精简也好,规模合理化也好,企业重组也好,总之,事实就是很多人失业了。在耶稣看来,没有一个人愿意流离于群体之外,在艰难的时刻成为最不幸的那一个。在这种时候,保全大多数人的安然无恙固然重要,但是,对那个落难者给予帮助和支持的意义更为重大。这一点确实有点让人难以接受,普遍的看法是,与其让整条船沉没,不如让几个人落水;与其让企业陷入困境,不如牺牲个别员工。但耶稣不是这样看待,他认为,即使是落在最后的那个人,也是无价之宝,更值得关怀和重视。

这就给企业的领导出了一个难题。人们会问,难道至少在某些特殊的阶段,为了企业的利益,领导都不该保持一种客观的、冷静的、理智的态度吗?(难道他应该为了保全每一个人,而置企业更大的损失于不顾吗?)难道领导不应该做出艰难的抉择,从而能在全球化的经济和社会中立于不败之地吗?(难道同情和关爱应该成为他的首要任务吗?)难道人们在经济战争中就不该有牺牲吗,就像一场正义之战中无数的战士战死沙场?(难道每个人就那么有价值,值得千方百计、不计后果地去保全吗?)难道个人价值在全面的经济战争中不就是沧海一粟吗?为了赢得战略性的胜利,达到终极的目标,个人难道就不该做出牺牲吗?对于这些问题,耶稣的回答都是否定的。

其实,耶稣就这个问题有进一步的阐述:

或是一个妇人有十块钱,若失落一块,岂不点上灯,打扫屋子,细细地找,直到找着吗?找着了,就请朋友邻舍来,对他们说:"我失落的那块钱已经找着了,你们和我

一同欢喜吧！"(《路加福音》15：8-9)

　　虽然在以上提及的两个故事里，耶稣谈论的是丢失的羊和钱币，但是耶稣的用意却在人身上，他的终极关怀是人类的福祉和灵魂的得救。耶稣经常用巧妙的比喻手法来谈论关乎人类的事情。耶稣一次又一次地教导人们，要像爱自己一样地去爱自己的邻人(也就是爱自己的同类)，他的用意是显而易见的，他告诫我们不应该抛弃任何一个人，每一个人都有自己的价值，每一个人都值得珍视。

　　由此，耶稣指明了一种强有力的领导态度，这种态度将每一位追随者都视为有价值的、值得尊重的，他们的安然无恙或者失而复得，是值得领导者满怀欣喜地去庆祝的。领导人应该把每一位追随者的福祉放在心上，就像关心自己的利益一样去关心他们的利益。对于真正的领导人来说，他手下的每一个人都是无价之宝，他们的价值是任何一种企业资源都无法比拟的。

　　在我的咨询师生涯中，发生过最具戏剧性的一幕，当时我在一家美国大型企业主持管理培训项目，训练员工的自我领导能力。有一位经理非常推崇我的自我管理理念，他的一位下属是个生产主管，这位主管工作上的表现相当不佳，正面临被解雇的可能。同时，这位主管还有一系列的行为问题，如酗酒成性。显然，这位主管在人生的道路上迷失了方向,而企业也显然认定他已经不具有挽救的价值了。

　　听了我的培训演讲之后,这位经理决定用信任去挽救这位主管,他尽可能地对主管委以重任,他甚至还制造借口离开公司,从而让这位主管担当起更多的责任。我必须承认,当这位经理向培训小组的其他成员陈述这段故事的时候,我可是捏了一把汗,我的原意是帮助经理们掌握技巧,逐步提高下属自我领导的能力和独立性,而不是在没有足够的训练和指导的情况下,甩手让下属去自我领导。

　　然而,后来的进展出人意料,在这位主管身上发生了戏剧性的、几乎是突如其来的转变,他开始变得有责任感了,他对自己的工作也开始充满激情和自豪感。据经理反映,在短短两周时间里,这位主管由最差劲主管变成公认的明星主管,另有几位经理也证实了这一情形,这位主管的神奇转变让他们都目瞪口呆。他甚至还戒了酒,这可是他在酗酒多年之后的第一个重大进步。

　　这样的事例太过离奇,其长期效果自然有待观察,它也许并不具有普遍性。况且,我已经有一阵子没和那个公司联系了,不知那位主管是否一如既往地保持着这种良好的状态。然而,我在咨询工作中观察到许多相似的事例,我可以证明这样的事情是经常发生的。我惊喜地发现,无论多么不堪、甚至看似无可救药的人,只要给他机会和一点援助，他都能从毁灭性的泥沼中挣脱出来。在很多时候，那些在我们看来不值得去接受或援助的人，他们就像一颗蒙尘的钻石，只需要用一点爱心援助和关怀去擦拭，他们就能闪烁出动人的光彩。就像耶稣所说的，他们是珍贵的，值得我们重新拥有。

说到这儿，有些人会忍不住地发火："你也太天真、太不现实了吧！心肠这么软的话，公司可是一个月也撑不住。有这种想法的人甭想在我的公司里谋到一官半职！"还有一些人会说得稍微婉转一点："从道德和人权的角度出发，这种想法是很好的。但是，在一个竞争激烈的商业环境中，哲学在现实里是站不住脚的。最终，为了大多数人的利益，经济的考量一定会压倒人权的理想，而占据上风。"

无论你的第一反应是什么，近来众多公司的成功足以让人弹眼落睛，这些公司的共同点在于，它们的管理哲学都和耶稣的教导有相当接近之处。很多企业在以团队为基础的工作环境中，给予员工更多的自主权，他们独特的价值和贡献也得以被认可和表彰。成功运用这一管理哲学并取得出色成就的公司很多，其中包括：通用汽车（General Motors）、福特汽车（Ford）、摩托罗拉（Motorola）、通用电气（General Electric）、美国运通公司（American Express）、霍尼韦尔公司（Honeywell）、宝洁有限公司（Proctor & Gamble）、康明斯发动机有限公司（Cummins

Engine)、DEC 数字设备公司（Digital Equipment）、波音飞机制造公司（Boeing）、卡特彼勒公司（Caterpillar）、德州仪器公司（Texas Instruments）、盖因斯公司（Gaines）、AT＆T、富士施乐公司（Xerox）、LTV 钢材公司（LTV Steel）、泰克科技有限公司（Tektronix）……还有很多很多公司可以出现在这张名单上面，从传统的大型企业，到数不清的中小企业、医疗保健机构、大学院校，甚至还包括政府部门。这些公司经常会放手让员工自己去作重大的决策，这些决策不仅会对员工职业生涯的质量产生影响，其中一些甚至会左右企业的整体表现，自主权的下放，体现了公司对员工的信任和重视。

这些公司的管理哲学从他们的企业宣言上就可以略见一斑，这些极具竞争力的大型企业往往将他们的目标和使命以宣言的形式公之于众，以此彰显公司的文化，激励员工的进取之心。我在上 MBA 课程或者进行培训项目的时候，时常会要求学员和大家分享自己公司的使命宣言，几乎毫无例外地，这些公司都将员工视为最有价值的资源，显示出对人力资源的格外重视。比如，福特汽车公司的"使命、价值和指导准则"宣言中提到，"员工是我们力量的源泉。他们为公司注入智慧，他们决定着我们的声望和活力。参与和团队工作是我们的核心价值。"宣言中还提出："员工的参与是我们企业的生存方式——我们是一个团队。我们必须彼此信任，彼此尊重。"

　　说到这里,心存疑虑的人会说:"使命感之类的话通常只是一句空口号,它们又不是企业实际运作中的工作准则。"恰恰相反,很多企业做出了巨大的努力,使得这种管理哲学成为公司的终极目标和成功标志。AES公司就是这方面的一个绝佳例子,这家公司诞生于上世纪八九十年代,是能源行业杰出的独立制造商。[注2]AES公司重点奉行以下四项重合交叉的价值理念:(1)正直行事,(2)公平公正,(3)追求快乐,(4)社会责任。举例来说,在公平公正方面,指的是公正地对待与公司有关的所有人员,包括员工、客户、供应商、股东、政府以及公司所在社区中的各成员。它力争面面俱到,不遗漏任何人;每一个人都被视为珍宝,受到良好的待遇。当时的总裁丹尼斯·贝克(Dennis Bakke)曾经说过,他不愿在谈判中锱铢必较,如果那样会损害到他人的利益的话。相反,在和员工、主管、客户等人打交道的过程中,他都会时刻提醒自己设身处地为他人着想。

　　AES公司的管理哲学体现了对人本价值的重视。例如,在追求快乐方面,贝克解释道,公司努力的方向是给员工创造一个良好的环境,在这个环境中,人们可以用自己的技艺为重大的社会需要服务,从而获得巨大的满足感和乐趣。而社会责任感则体现在以好公民的标准要求自己,安全生产操作,增加就业机会,改善保护环境。贝克说,公司将严以律己,就像要求他人那样要求自己。最后,正直行事激励每个员工讲求信誉,言行一致。

在我漫长的学习和咨询生涯中,有很多次我都觉得耶稣的话很不实际,礼拜天上教堂时讲讲还可以,可是搬到现实社会中,运用在并不完美的人类自身时,就不一定行得通了。幸运的是,越来越多像 AES 公司这样活生生的例子打消了我的疑虑,事实上,AES 是少数几个我做过研究并买了少量股票的公司之一,与其说是我希望得到经济上的高额回报,我更倾向于以这种方式表达我对它的管理理念的支持。由于 AES 公司坚持自己的使命和价值观,它成为独立能源生产商中的佼佼者,同时在为员工创造洁净、可靠、安全和有质量的职业生活方面也做得非常出色。它在财务方面也有可观的收获,公司的财产和利润逐年稳步增长,跻身于《财富》杂志 100 家发展最为迅猛的公司名单,公司的股票价格也上涨得十分喜人。

当耶稣告诫我们要公平地对待每一个人,将每一个人都视为无价之宝时,他并没有把经济上的回报作为考量。然而,事实证明,耶稣的教导充满活力,即使面对冷酷的经济竞争的现实,它也能经得起时间的考验。领导人应该具备高超的判断力和准确的直觉,也许,能够作为他们决策指导的最佳理念就是重视手下的每一个人,重视他们独一无二的价值,从而使每个人得到应有的待遇。只有这样做,才能最大程度地获得个人的(通常还伴随着经济上的)成就。

对下属关怀与否是衡量领导优劣的真正标尺

注：

1. 见亨利·P.希姆斯与查尔斯·C.曼兹合著的《没有老板的公司》(Business Without Bosses：How Self-Managing Teams Are Building High-Performing Companies, New York：Wiley,1993)。

2. 见亨利·P.希姆斯与查尔斯·C.曼兹合著的《没有老板的公司》中的《战略团队》(The Strategy Team：Teams at the Top,作者为亨利·P.希姆斯与肯尼思·斯密斯)。

第 *3* 部分

领导他人成就完善自我

真正的领导是发自内心的，我们每一个人都可以成为
自己最好的领导，高明的领导指导他人完善自我。

预备土壤

有一个撒种的出去撒种。撒的时候,有落在路旁的,飞鸟来吃尽了;有落在土浅石头地上的,土既不深,发苗最快,日头出来一晒,因为没有根,就枯干了;有落在荆棘里的,荆棘长起来,把它挤住了;又有落在好土里的,就结实,有一百倍的,有六十倍的,有三十倍的。(《马太福音》13∶3-8)

在这段寓言式的小故事中,耶稣运用比喻的方式,点明了领导力中极为重要的一个方面:为了更有效地领导、正面地影响他人,一定要做好预备工作。耶稣的教导揭示了预备好领导力的种子的重要性。确实,有很多下属根本没有从领导那里接受积极正面影响的心理准备,即使他的上司是一位才华出众的领导人。在这一章里,我们将重点讨论如何攻克这一难关，使下属心悦诚服地接受正面的影响和改变。

在生活里，变化可以视之为最令人担心、最令人希望规避的事件之一。大多数的人本能地害怕变化，想尽办法以种种方式拒绝变化，相应的，领导他人接受积极的改变就成为领导人最为艰难，但也最值得费心思的任务之一。科特·勒文（Kurt Lewin）研制出了最佳的模型，来帮助我们理解"变化"这个挑战性的过程，他对变化过程的研究为领导人提供了有效的准则。他具体列出了清晰而有逻辑性的三步式过程。[注1]

第一步，也是最重要的一步，就是"解冻"，亦即化解目前的凝固状态，这一阶段的重点在于提前为变化所带来的可能性做准备。耶稣的教导中把重点放在土壤的预备之上，良好的土壤是种子萌发成长的基础。在人的一生中，有时候就是不能接受某种理念，这是很可以理解的，就如一块岩石，是不可能接受种子，让它在上面生根发芽的。但是，勒文的模型让我们改变思路，我们可以将岩石想象成冰块。如果眼下这种"凝固"与抵触的态度能够得以解冻与融化，那么，积极的影响和改变就有可能实现了。比如，我们可以提供一些信息，让大家知道现实情况和理想状态之间存在多大的距离，并允许相关人员参与进来，共同设计如何实现这个转变。作为一个咨询师，我在很多企业里都碰到过这种情况，一旦管理层能够就变化所需要的条件和所能带来的机会和员工进行充分的沟通，尽可能清晰无误，令人信服，那么，原本怀有抵触心理的员工也通常能够敞开胸怀，权衡利弊，很有可能转而支持新的变化。

一旦解冻阶段结束，我们就进入了第二阶段：改变行为、价值观和态度。领导人可以借助新的企业建构、流程或者培训项目来引进所希望达到的变化。

最后一步是重新凝固，也就是将产生的变化用某种方式固定下来，例如，领导人仍可以运用奖励、体系、制度或规则等手段将变化延续下去。

解冻的重要性无论怎么强调都不过分，就像耶稣明确指出的那样，如果土壤没有预备好，播种就没有任何意义。这一点很多企业的领导人都很明白，他们也做了很多准备以确保播种的成功率。这方面我见到的最好的例子发生在美国运通公司的 IDS 基金部门。[注2]该部门曾经做出一个新的决定，为了更好地为客户（他们主要是一些独立的金融计划师）服务，部门授权给各个团队。为了迎接这个变化的到来，11 位来自部门各分部的员工被挑选出来组成一个志愿小组，全力以赴地为这个团队体系做设计和前期计划工作。志愿小组听取员工的建议和意见，然后共同寻找对应的解决方案。

这个准备工作足足进行了八个月，然后一个试点团队诞生了，这个团队旨在检验前期设计的可行性，并且尽量寻找在这个体系中可能产生的漏洞。数月以后,当整个部门都形成了一个个团队时,这个体系的优越性就凸显出来了:服务质量迅速改善,积压的工作渐渐消失,工作效率显著提高。在这一过程中,他们也遇到了种种问题,但由于准备工作的充分,问题也就迎刃而解。每一个团队都真心实意地要把工作做好,确保这个体系的运作有一个良好的开端。正如一位经理总结的那样,"团队概念非常成功!"

当我还是密歇根州的一个小男孩的时候,我最喜欢和小伙伴们堆雪人,我们发现,如果在雪人身上浇点水,让他的外面形成一层冰壳,雪人就能维持更长的时间。但是,这样又会带来新的问题,如果我们改变主意了,比如想把他改成一只雪狗,那麻烦就大了,还得先把外层融化掉。所以,改变一个人是一项艰巨的工作,无论他是冰雪之身,还是血肉之躯,因为他们(包括我们自己)都已经形成了一层自我防御的外壳,对外界的影响我们会本能地抵御、对抗、退缩。但是,如果我们精心准备土壤,也就是去融化那层冰壳,所撒的种子就能不断生长,开花结果。

关于撒种的问题,耶稣做过更多的阐述,他的解释进一步表明了准备工作的重要性,他说道:

所以,你们当听这撒种的比喻。凡听见天国道理不明白的,那恶者就来,把所撒在他心里的夺了去,这就是撒在路旁的了；撒在石头地上的，就是人听了道，当下欢喜领受，只因心里没有根，不过是暂时的，及至为道遭了患难，或是受了逼迫，立刻就跌倒了；撒在荆棘里的，就是人听了道，后来有世上的思虑，钱财的迷惑，把道挤住了，不能结实；撒在好地上的，就是人听道明白了，后来结实，有一百倍的，有六十倍的，有三十倍的。（《马太福音》13：18 - 23）

在这个段落里，耶稣列举了妨碍人们接受正面影响从而促成积极改变的三大原因。障碍之一是无知。人们经常看不清有些事情为什么要做或某些事需要改变的背后的逻辑。障碍之二是对应付出的努力和代价有着不切实际的想法。俗话说，没有耕耘，哪有收获；不入虎穴，焉得虎子。如果人们定下心志要忠于领导人，跟随领导人，那么，他们不仅要对所从事的事业充满热情，而且也要充分意识到即将面临的困难，并准备好无论遇到什么困难都要坚持不懈。最后一个障碍就是干扰和分心。生活中有无数其他没完没了的压力和重要事情，在它们的围截之下，你所从事的事业是否还有压倒一切的优先性呢？总而言之，耶稣的故事建议领导人需要倡导明晰性、现实的期待性和事业的优先性。

也许，我们从以上故事中学到的最重要的一课是：如果领导人没有把必要的预备工作做完善，那他们就不要指望他们的领导能带来多少成果，就像没有准备好土壤就不会有好的收成。有了这种想法，我们就会把目光从领导人身上转移开来，将注意力集中在下属身上。如果一个人诚心诚意地希望成为他人的正面影响，也就是说成为一个有效的领导人，他的目光应该落在被领导的参与者身上。IDS 的领导人看来具备了这种领导智慧。如果不能解决员工的需求，消除他们的顾虑，而是在众人面前拗造型，或是在镜子面前搔首弄姿，那么就既达不到任何目的，也无法激励员工的热情和追求。相反，我们应该做的是，在理解和现实的坚实基础上，真诚地去帮助、支持并放手让他人去拥抱、去追求变化，这才是关键所在。只有在这个坚实的基础之上，必要的解冻和重新凝固才有可能实现。

在预备好的土壤上，领导力的种子才能生根发芽

注：

1. 见科特·勒文的《社会科学场论》(Field Theory in Social Science, New York：Harper Collins, 1995)及科特·勒文的《群体动力的前沿》(Frontiers in Group Dynamics, Human relations, 1947年1月号, 第5-41页)。

2. 有关此案例的详细描述请参阅亨利·P.希姆斯与查尔斯·C.曼兹合著的《没有老板的公司》中的《早期阶段：在办公室中形成团队》(The Early Implementation Phase：Getting Teams Started in the Office, 作者为亨利·P.希姆斯、查尔斯·C.曼兹及巴瑞·贝特曼, 第85-114页)。

失而复得的浪子

　　一个人有两个儿子。小儿子对父亲说:"父亲,请你把我应得的家业分给我。"他父亲就把产业分给他们。过了不多几日,小儿子就把他一切所有的都收拾起来,往远方去了,在那里任意放荡,浪费资财,既耗尽了一切所有的,又遇着那地方大遭饥荒,就穷苦起来。于是去投靠那地方的一个人,那人打发他到田里去放猪。他恨不得拿猪所吃的豆荚充饥,也没有人给他。他醒悟过来,就说:"我父亲有多少的雇工,口粮有余,我倒在这里饿死吗?我要起来,到我父亲那里去,向他说:父亲,我得罪了天,又得罪了你,从今以后,我不配称为你的儿子,把我当作一个雇工吧!"于是起来,往他父亲那里去。相离还远,他父亲看见,就动了慈心,跑去抱着他的颈项,连连与他亲嘴。儿子说:"父亲,我得罪了天,又得罪了你,从今以后,

我不配称为你的儿子。"父亲却吩咐仆人说："把那上好的
袍子快拿出来给他穿，把戒指戴在他指头上，把鞋穿在他
脚上，把那肥牛犊牵来宰了，我们可以吃喝快乐。因为我
这个儿子是死而复活，失而又得的。"他们就快乐起来。
（《路加福音》15：11－24）

　　耶稣用一则浪子回头的故事为我们上了生动的一
课，这一课的主题就是关于宽容和爱。我们看到，小儿子
在父亲依然健在的时候要求分家产，这说明他其实是希
望父亲早日去世。他甚至都等不到父亲死去的那一天，
就迫不及待地想要得到属于他的那份家产。当他拿到这
份"遗产"之后，他在毫无节制的享乐之中将这份财产挥
霍殆尽，把自己的家庭抛到了脑后，一心想的就是满足自
己的私欲。他从根本上背离了父亲，如同父亲已经死去。
所以，从父亲的角度来说，他完全可以不认这个儿子，小
儿子冒了天下之大不韪，当他终于醒悟过来的时候，他自
己也意识到已经不配做父亲的儿子了。

　　然而，当小儿子回到家里的时候，他发现等待他的不
是父亲的惩罚，而是父亲张开的双臂。父亲为小儿子穿
上最好的袍子，并安抚他。父亲声称自己的儿子已经死
去，现在又复活了，所以他满怀喜悦，准备好好庆祝一番。
从这个引人入胜的故事中，我们学到了哪些关于人生和
领导的道理呢？

首先,耶稣告诉我们,如果我们真正爱一个人,那么无论他做了什么大逆不道的事情,我们还是应该去原谅他、去爱护他的。当然,前提是这个人真正意识到了自己的过失,能够诚实地面对自己的过失,并准备痛改前非。在有些时候,犯了如此大过的人是该吃足苦头的,只有这样他才能接受经验教训,从而悔改,让自己走上归正之路。从某种意义上说,给犯了错误的人迎头一击也未必不是一个良策,它让人明白应该如何面对生活的挑战,如何看待自己的错误。但是,这种时候遭受的打击又往往把刚刚醒悟过来的人推上了老路,他很可能顺着原来的轨迹迅速地堕落。这就是为什么当人们犯了大错之后,清醒地意识到自己的过错,重新找回自己的责任心的时候,是给予鼓励和支持的最好时机。这时候就像脓包已经被挑开清理,正在等待伤口的愈合。耶稣所讲的故事里的那位父亲似乎已经洞悉了这一道理,对于他来说,原来那个儿子已经死去,现在的他拥有了一个新生的儿子。

其次,这个故事强调了悔改的价值,即使事主所犯的是个骇人听闻的大错。故事中的小儿子最终懂得了作为儿子的价值,先前,他轻率地将这一切弃之如敝屣;如今,他真诚地请求原谅,即使回家做一个仆人,也甘心乐意。故事中,小儿子的过失虽然暴露在光天化日之下,但是,正是这段不堪回首的经历给予了他宝贵的人生阅历,在此基础上,他或许能够为自己今后有意义的人生打下坚实的基础。

我最喜欢的一则企业经典故事据说发生在 IBM,[注1] 一位资深主管的决策失误造成了公司数百万美元的损失,当他被 CEO 传唤的时候,他料到自己一定会从现在的位置上被一脚踢出去。他忐忑不安地进了 CEO 的办公室,开始与 CEO 交谈。CEO 避而不谈他的过失,这位主管最后自己忍不住提起了他最担心、但又是不可避免的话题:你是不是要开除我? CEO 的回答睿智而有见地:"开除你? 不可能! 我们刚刚为你交了几百万美元的学费呢!"看来这位 CEO 是读懂了耶稣。

然而,耶稣给我们上的课还没有结束,让我们接着读下去吧:

那时,大儿子正在田里。他回来离家不远,听见作乐跳舞的声音,便叫过一个仆人来,问是什么事。仆人说:"你兄弟来了,你父亲因为得他无灾无病地回来,把肥牛犊宰了。"大儿子却生气,不肯进去。他父亲就出来劝他。他对父亲说:"我服侍你这多年,从来没有违背过你的命,你并没有给我一只山羊羔,叫我和朋友一同快乐。但你这个儿子和娼妓吞尽了你的产业,他一来了,你倒为他宰了肥牛犊。"父亲对他说:"儿啊,你常和我同在,我一切所有的都是你的;只是你这个兄弟是死而复活、失而又得的,所以我们理当欢喜快乐。"(《路加福音》15:25-31)

耶稣认为仅仅将故事重点放在小儿子身上还是不够,在大儿子身上,故事展开了另一幕,这个大儿子在人品上显然比小儿子出色,他有孝心,多年来陪伴在父亲身边,为父亲分担家庭责任,所以,他的生气也是情有可原的。而不忠不孝的小儿子没有为家庭做出任何牺牲,反而损害了家庭的利益,但结果却受到了褒奖,这在任何人心里都是难以接受的,做父亲的当然也知道这一点,所以他首先向大儿子表达自己对他的爱和信任,接着又深明大义地开导忿忿不平的大儿子,告诉他什么才是最重要的:把别人的益处放在第一位,尤其是当别人最需要帮助的时候。

这个故事告诉我们的是,爱他人,为他人服务,原谅他人,这些优秀的品质值得我们孜孜以求。故事中的父亲,他没有从宽容和爱儿子中得到实在好处,但是他拥有了一段爱的经历,一段接受曾背弃他的儿子的经历。耶稣所讲的故事似乎在告诉我们一个发人深省的道理,当我们殚精竭虑地去追求财富、权力和名声的时候,我们永远不会满足,永远不能尽情地享受这一切所带来的乐趣,但是,当我们为了别人的利益而放弃一己私欲时,我们会圣化自己的行为,从而得到内心的满足。

在如今的商业世界,权力下放已成为潮流和主题,如果员工在真正意义上参与了公司决策和管理,而不是流于形式的话,他们会在内心找到做主人的感觉。如果企业员工只盯着个人的回报,关心的只是经济上和物质上的得失,那么这个授权体系就会丧失功效。授权体系给了员工施展才能的平台,在某种意义上,它也是属于员工的,那么,员工的积极参与和热情奉献将是这个体系的助推器。故事里的父亲心中流淌着这种热情,父亲把这种热情通过爱传达出来,他的小儿子一定能感觉得到。

因此,如果抱着一种交易的心态,患得患失地算计自己付出多少,又能收回多少回报,那是永远都不能得到心灵的满足的。大儿子之所以忿忿不平,是因为自己对父亲的忠心和孝顺没有得到任何回报,他希望自己的劳动和辛勤能够得到父亲的奖赏。面对闹情绪的大儿子,父亲的回应是指出他的一切都属于大儿子,如果大儿子能够真正理解这一点,那他也会真心实意地欢迎自己兄弟的回归。

这个著名的浪子回头的故事成就了伦勃朗的名画,在画中,伦勃朗还描绘了这段经历如何为小儿子今后的人生指明了方向。[注2]亨利·卢云(Henri Nouwen)曾经专门著书探讨伦勃朗的这幅举世闻名的画作,他在书中写道,我们每个人都可能经历过不同的人生角色,有时可能像追求享乐的小儿子,有时可能像自以为是的大儿子,但我们面临的终极挑战是,如何让自己成长为那位宽厚为怀的父亲,给别人以支持和肯定。

最近,我像卢云一样,得以前往俄罗斯的圣彼得堡,在艾尔米塔什博物馆，我有幸一睹伦勃朗名画的真迹。其后，我又前往阿姆斯特丹，参观了伦勃朗的故居，在那里，伦勃朗度过了他事业上的巅峰时期。我听说伦勃朗最终因为付不起房租，而被迫离开了这栋漂亮的房子。卢云曾经说过，伦勃朗的一生跌宕起伏，早年他沉湎于感官享乐，后来遭受了一系列随之而来的经济上和生活上的打击，在经历了小儿子和大儿子的阶段之后，他最终达到了父亲的境界。在画《浪子回头》这幅画的时候，伦勃朗的心境很可能已经接近画中的那位父亲了。

卢云在书中还提议每一位读者想一想自己更像故事中的哪一位，我认为画作本身充溢着的情感和内涵也促人深思。我想，我和卢云在这幅画前经历了相似的心路历程，这幅画将这个著名的故事活生生地搬到了我们眼前，为我们打开了一扇灵魂的窗户。

纵观耶稣的教导，我们会发现，耶稣所提倡的舍己精神其实就是一种最好的领导方式。我们所领导的人无非是一些有这样那样缺陷的不完美的人，甚至有时候是具有进攻性的普通人，因此，在我们的领导工具箱里，宽容和怜悯就成了最常用的、最基本的工具，而且，这些工具并不能用来谋求私利。它是天赐的厚礼，只能用于开启人心中未泯的良善和潜在的能量。很多时候，领导人一定要宽以待人，让受挫的下属获得信心和力量，允许他们跌倒了，爬起来，再跌倒，再爬起来。

> 宽容的能力是领导人的标志，让你的下属有
> 机会从错误中吸取经验教训

注：

1. 这个故事我是听来的，无法确定有无书面记载。本书稿的一位审阅者也表示听说过这个故事，并确定是发生在 IBM。

2. 见亨利·卢云的《浪子回头》(The Return of the Prodigal Son: A Story of Homecoming, New York: Image Books, 1992)。

仆人式领导

你们知道，外邦人有尊为君王的，治理他们，有大臣操权管束他们。只是在你们中间，不是这样。你们中间，谁愿为大，就必作你们的用人；在你们中间，谁愿为首，就必作众人的仆人。（《马可福音》10：42－44）

在耶稣有关领导力的言论之中，这一段经文的含义显然出人意料，它彻底颠覆了我们心目中对领导人的理解。在这里，耶稣告诫我们，要想成为一位卓越的领导人，你一定要像仆人般服侍众人，而不是做一个统治者，或者以此炫耀自己的个人魅力。这种看法确实令人困惑，也对领导人提出了很高的要求，但是耶稣在他的教导中反复强调了这一基本观点。他指导我们说，如果我们希望自己成为优秀的领导，那么就需要谦卑，把自己放在一个卑微的位置上。耶稣再一次引领我们重新思考作为领导人的真谛，他教导我们切忌在领导的位置上摆谱，自以为高人一等，也不要以为自己什么都知道，而不把别人放在眼里。

工作精神协会（Association for Spirit at Work）的执行主管朱迪·尼尔介绍了一个在加拿大蒙特利尔的托马索公司（Tomasso Corporation）——一家很成功的食品加工厂[注1]——进行的一项管理学实验，这个叫做"一种姿态"（a Gesture）的实验有助于将为他人服务的管理心态固定下来，使之成为一种常态。这项实验的发起人是托马索母公司的董事长 J. 罗伯特·欧麦特（J. Robert Ouimet），欧麦特先生竭力主张经济的健康和人格的健康是密切关联、相辅相成的。这个项目内容很丰富，其中之一是，管理团队每年向穷人发放两至三回免费食物，然后，他们还会与穷人一起坐下来说说话，以便更好地了解这些被施与食物的人们。当他们回到工厂时，经理们聚在一起分享自己在这个活动中获得的心得体会。接下来，工厂里的一些员工也要求参与这个活动，现在这项实验已经向所有愿意参加的员工开放了。为了更好地促进这项活动，员工参与这项活动的时间也被计入工时。

格林里夫仆人式领导中心（Greenleaf Center for Servant-Leadership）的创建者，著名作家罗伯特·格林里夫（Robert Greenleaf）曾经对"仆人式领导"这个概念进行了长篇的论述。[注2] 他认为,那些以服务他人来领导他人的领导者才称得上是真正的领导人,他说,潜在的追随者们"只会听命于那些他们心目中的领导人,因为这些领导人被证明是合格的仆人,是值得信任的"。[注3] 格林里夫接着说道,追随仆人式领导的民众往往"更健康、更有智慧、更自由、更主动,而且,他们自己也更可能成为仆人式的领导人"。[注4]

做一名仆人并不难,只要留意他人的需求,试着去帮助他们。在这里,耶稣在很多场合提到的黄金法则依然是不容撼动的准则:"你们愿意人怎样待你们,你们也要怎样待人。"当然,我们一定要确保我们的所作所为对他人的长远利益来说是有益的,不能因为帮助他人渡过眼前的难关,而使他们滋长了依赖心理,失去了锻炼的机会,因而对他们长远的发展造成潜在的伤害。

仆人式领导的理念也和当下最具挑战性的领导方式相契合,我这里所说的这种新兴的领导方式,就是授权团队式领导。今天,团队已经无所不在,在很多机构看来,团队领导是全方位释放员工智力和体力潜能的关键所在,支持团队领导的基本理念是:如果员工能够拥有他们所需要的所有信息和资源,他们就能巧妙而高效率地解决工作中的问题,其结果是在传统官僚体制下所不能企及的,员工们会觉得更有成就感,他们的工作也因此显得更有意义。由此可见,团队中的成员更有自主权和积极性,在团队的工作氛围中,他们更能充分发挥自己的潜能。

所有这一切也给团队领导带来了困惑和挑战,请看以下例子:明尼苏达州杜鲁斯市的苏必利尔湖纸业公司(Lake Superior Paper Company)实行了授权式的团队管理方式,同时计划让原有的主管逐渐淡出,主管的角色将由原先的直接管理转变为与团队成员共同磋商,以至于最终成为团队之外的协调员。这位主管在失去原有的权力之后,感受到来自上级和团队的双向挤压,有人把这位主管的角色比作缓冲器,应付来自不同方向的压力。[注5] 也有一些团队领导会担心,如果自己将团队带得很成功,那么一旦团队的翅膀长硬,自己就会面临失业的威胁。

类似的情况也发生在 IDS 公司(我们曾在本书《预备土壤》一章中介绍过这个公司),一位团队领导抱怨道:"似乎一切都不关我的事,等团队能够自我领导了,所有的功劳都只属于团队了。以往一个部门做出了成绩,首先会得到表扬的是主管。"另一位领导补充道:"如果经常有人拍拍我的后背说,嘿,你今天干得不赖! 那么我会很高兴。"[注6]

在团队式的工作环境中,团队领导一职已经不再是指导和管理团队了,他们也不再为团队解决所有的疑难问题。相反,他们退居幕后,成为团队的推进者和助手,在团队决定下一步的工作之后,他们应尽力为团队提供一切所需的资源，以保证团队能有最好的工作状态，产出最好的成果。也就是说，优秀的团队领导基本上就是一个称职的仆人。他们不是在运用权力，而是分散权力，同时他们也要顾及到不能滋长团队的依赖心理。他们必须明白，不能只为团队提供答案，为团队解决问题，而是要引导团队掌握正确的方法，帮助团队去探索解决问题的途径，这也是团队取得成功的关键。

很多主管在公司引进团队式领导方式之后，不能与时俱进，如若想成功地完成转型，必须重新思考怎样才能成为杰出的领导这个问题。领导人不再是高高在上的皇帝或皇后，他们不再是聚光灯追逐的对象。团队领导的任务就是更好地为团队成员服务，帮助他们取得更大的成就，并在此过程中成为更优秀的员工。团队领导一定要虚怀若谷，从团队的成功中获取满足感，而不是希望突出自己个人成绩。我曾经观察过很多卓有成效的团队领导人，他们鼓励并支持着自己的团队，为团队提供所需的资源和信息，引导团队再接再厉，不断成功。总而言之，真正成功的团队领导就是能帮助团队成员实现目标的称职仆人。

虽然仆人的这个角色并不好当，但很多团队领导还是觉得他们的付出是值得的，他们获得的回报也相当可观。一位苏必利尔湖纸业公司的领导因为他对团队做出的贡献而受到了拥戴，面对员工们的感激之情，他非常有成就感："我已经不可能再回到老路上了，在过去的专权体制中，太多的潜能被浪费……现在，如果有什么事情需要完成，起码有三个人会毛遂自荐，员工干劲充足。"[注7]一位 IDS 公司的领导向我们解释，为什么在服务他人和控制他人两者之间，他更倾向于选择前者："当我帮助别人达到他的目的时，我的满足感远远超过了仅仅告诉他该怎么做。"[注8]

做一个谦卑的仆人，这是通向卓越的途径，耶稣这样告诉我们，他自己就是一个仆人式领袖的榜样。也许，最有说服力的例子就是他和门徒们（他的团队）共进最后的晚餐：

吃晚饭的时候……耶稣知道父已将万有交在他手里，且知道自己是从神出来的，又要归到神那里去，就离席站起来脱了衣服，拿一条手巾束腰。随后把水倒在盆里，就洗门徒的脚，并用自己所束的手巾擦干。……耶稣洗完了他们的脚，就穿上衣服，又坐下，对他们说："我向你们所作的，你们明白吗？你们称呼我夫子，称呼我主，你们说的不错，我本来是。我是你们的主，你们的夫子，尚且洗你们的脚，你们也当彼此洗脚。我给你们作了榜样，叫你们照着我向你们所作的去作……"（《约翰福音》13：2-5,12-15）

显然，耶稣并不想做那位唯一的仆人式领导，他在言传身教之后，就敦促他的门徒也照着他的样子去做。在一人攫取所有的光芒和鼓励他人积极参与领导者角色这两者之间，存在着巨大的差别，耶稣的做法是，领导他人（在以上的例子中是通过为他人服务）去做仆人。这种领导理念是很有影响力的，它能使未来的领导者产生于最广泛的民众之中，只要他们能优先考虑他人所需，而不是斤斤计较于个人得失。因而，仆人式领导不仅破除了以往关于领导的迷信（比如认为领导应该知道所有难题的答案，得到所有的名誉和荣耀，等等），同时还为大众做出了榜样。

> **真正的领导是谦卑的仆人，而不是利欲熏心的暴君**

注：

1. 这个例子源自于 2005 年 1 月 17 日朱迪·尼尔以工作精神协会（Association for Spirit at Work）的名义发出的电子邮件。

2. 见罗伯特·格林里夫（Robert Greenleaf）的《成为仆人式领导》（On Becoming a Servant-Leader, San Francisco：Jossey-Bass, 1997），《寻觅者和仆人》（Seeker and Servant, San Francisco：Jossey-Bass, 1997），以及《仆人般的领导》（The Leader as Servant, Newton Center, Mass.：The Robert K. Greenleaf Center, 1970）。

3. 见罗伯特·格林里夫的《仆人般的领导》，第 4 页。

4. 同上书，第 7 页。

5. 见亨利·P.希姆斯与查尔斯·C.曼兹合著的《没有老板的公司》中的《好团队，坏团队》(The Good and the Bad of Teams: A Practical Look at Successes and Challenges，作者为查尔斯·C.曼兹及约翰·纽斯特朗姆，第 65 – 83 页)。

6. 见亨利·P.希姆斯与查尔斯·C.曼兹合著的《没有老板的公司》中的《早期阶段：在办公室中形成团队》(The Early Implementation Phase: Getting Teams Started in the Office，作者为亨利·P.希姆斯、查尔斯·C.曼兹及巴瑞·贝特曼，第 102 – 103 页)。

7. 见亨利·P.希姆斯与查尔斯·C.曼兹合著的《没有老板的公司》，第 75 页。

8. 同上书，第 103 页。

避免瞎子领路

他们是瞎眼领路的，若是瞎子领瞎子，两个人都要掉在坑里。（《马太福音》15：14）

在这段经文里，耶稣提出的虽是一个常识性的判断，它的内涵却值得每一个有志成为领导者的人士深思。以下几个重要的问题是我们必须面对的：你会盲目地将别人引入坑里吗？你的追随者与其跟随你，是否不如让其自我领导？天天和自己的问题打交道的人是否比局外人更清楚自己的处境？在一个需要处理的具体问题上，你的盲点在哪里？你能帮助别人看清自己的处境，从而让其更有效地进行自我领导吗？你的领导最终能使他人走上自我领导的道路吗？

信任行走（trust walk）是一项经典的人际关系发展操

练,通常整个程序包括:首先,将参与操练的一方的眼睛蒙上,然后,另一方牵住蒙眼人的手,带领他往前走。一般来说,被蒙住眼睛的那个人一开始会很不舒服,他通常都会慢慢前行,举步维艰,生怕路上有东西绊了脚,或者路况有变,发生不测。虽然带领他前行的人可以完全看清任何东西,但是,由于蒙眼人对带路人缺乏信任感,他在迈出每一步的时候都是疑虑重重。但是,蒙眼人最终会发现,跟随着带路人,不会有任何问题,完全可以把自己的安全托付给对方。这个操练简单而有成效,它对培养合作伙伴之间的信任感大有裨益。

当然,现实中的生活之路,其复杂的程度远非模拟场地可比,在宽敞的教室和平整的草地上,出现意外的几率远远低于现实生活。即使将这项操练放在高低起伏的小路上,只要带路人能看得清楚,他总能带领蒙眼人顺利地走到终点。但是,我们可以想象一下,即使带路人有心好好带路,但他们踏上的是一条前方扑朔迷离的小路,那么情景会如何呢?或者更进一步说,带路人也被蒙上了眼睛,而且他们走在一条布满小沟大坑的道路上,一脚踩错,随时都可能遭遇不测,那么情景又会如何呢?更让人不寒而栗的想象是,蒙眼人对带路人已经深信不疑,以为没有什么危险会降临。

所以,一位领导人是不是一位合格的带路人,这是一个非常重要的问题。领导人将追随者领入歧途的事例在历史上屡见不鲜,造成这种现象的原因部分可以归咎为领导知识的欠缺,很多领导其实并不懂领导艺术。即使在今天,经过了几十年的探索和成千上万次的研究,人们仍没有就如何领导才能最有效果这个问题达成共识。各种理论层出不穷,有一本领导力研究手册,里面涵盖了各个流派,结果光是索引就有 200 多页。[注1] 如果有人能好好研究一下这些理论,就不至于做个睁眼瞎,以致掉进一个理论的泥沼里,到那时恐怕真是两眼一抹黑了。无论一个领导人多有自信,多有说服力,但在很多时候,对于追随者来说,相信自我领导的能力,不受他人左右,往往会有更好的效果。

在这里,我们的注意力又回到授权这个当下热议的话题上。不断有企业发现,当他们削减了一层又一层的领导机制,将领导的责任放在了以往被领导的人手中,企业往往能获得更大的成功。在授权机制中,人们能更深入地了解他们的工作,他们所面临的问题,以及他们各自独有的个性,因为这一切是他们每天都要与之打交道的,没有任何人比他们自己更了解。最好的领导人,经常就是自己,只有自己,才最懂得自己,了解自己,最有可能为自己摘下蒙住眼睛的布条。

因而,那些能够引导他人自我领导的领导人,经常是最有成效的领导人,通过引导、启发他人成为有能力的自我领导者,领导人把自己的能力扩散到整个系统之中,带动了所有的人。在这些领导人的指导之下，自我领导者能更好地决策，更能看清形势，睁大眼睛面对生活和工作中出现的种种挑战，并及时地做出调整和改进。这种时候，领导人依然十分重要，但他的重要性不在于他能一肩挑起所有的重担，而在于他能源源不断地为自我领导者提供援助。

耶稣给我们的警告及时而发人深省，如今的世界，比历史上任何时候都更为复杂，处处存在的陷阱令我们防不胜防。同时，对能力、成功、权力、财富以及任何自我满足欲望的追求，都驱使我们去追寻领导人地位所带来的影响和权威。对于很多的未来领导人来说，他们能清楚地看到潜在的个人收获，但对潜在的风险却视而不见。也许，最难摘除的一条蒙眼布就是对他人的过分依赖，即使在自己有能力做出更好决策的时候；也就是这条蒙眼布让那些昏聩的领导人自以为有着过人的眼力。

如果我们想领导他人，我们自己首先要学会辨明方向，学会自我领导，要经常问一问自己：是什么使你有把握去领导他人？你真的了解你的追随者所面临的处境和困难吗？我们要审慎地发现并坦然地面对自身的缺陷，不要回避自己的失败经历。在这个自我反省的过程中，我们会发现，自己的发展轨迹只有自己看得最清楚，毕竟路是自己走出来的。因而，真正有眼力的领导人懂得，面对他人的困境，自己其实是非常盲目的。正因为如此，这些领导人往往能更好地引导他人自我领导。

> **越是目光犀利的领导人越清楚自己的盲点，**
>
> **他们倚重下属的自我领导**

注：

1. 见伯纳德·巴斯（Bernard Bass）的《领导力手册》（Bass and Stogdill's Handbook of Leadership, New York：Free Press，1990）。

一个铜板的价值

耶稣对银库坐着，看众人怎样投钱入库。有好些财主往里投了若干的钱。有一个穷寡妇来，往里投了两个小钱，就是一个大钱。耶稣叫门徒来，说："我实在告诉你们：这穷寡妇投入库里的，比众人所投的更多。因为他们都是自己有余，拿出来投在里头；但这寡妇是自己不足，把她一切养生的都投上了。"（《马可福音》12：41－44）

如何评价他人的奉献，如何对他人的奉献做出正确客观的反应，这是摆在领导人面前的又一道难题。通常，人们认为能干的领导会依据下属的业绩来划分等级，根据贡献的数量来给予相应的奖励。这种做法看起来既理性又符合逻辑，而且很公平，但是，耶稣再一次挑战了我们的思维。他明确告诉我们，奉献价值的大小，是要视奉献者的能力而定的。

这肯定会引来质疑：难道我们就不必考虑员工的业绩水平了吗？如果一位员工尽了最大的努力，但成绩依然不尽如人意，难道做领导的还应该夸奖他吗？虽然这也未尝不可，但我并不认为这就是耶稣的教导智慧的全部，耶稣给我们上的这一课，主题是关注他人的内心，也就是说，用心去体会他人的意图、动机以及进步。有两个理由可以证明这是非常英明的。

其一，总的来说，这种观念不仅符合人性和伦理，而且最终对于奉献和被奉献的双方都有莫大的益处。从古到今，对财富和权力的争夺使得这个世界充满了纷争和冲突，人与人之间的关系被无情践踏。有时候，在巨大的诱惑面前，我们会忽视那些对于我们来说最亲密、最珍爱的人，比如心仪的同事和挚爱的亲人，甚至会将他们弃之不顾。我们经常听到一些成功人士在他们事业的顶峰时期发出的声声哀叹，他们宁愿放弃一切来换回失去的时间，和自己最爱的人在一起。时间终究会证明，比起我们处心积虑追求得来的金钱和名望，美好的友谊与和睦的家庭往往更为宝贵。这句话听起来过于理想化，其实，如果我们能诚实地面对这一切，我们会发现这是不容否认的事实。

其二，这种观念也符合人类以及社会的发展。只要有一颗善良的心，有一份为他人、为社会奉献的心意，必要的技艺和能力是可以培养的。反之，我们也看到很多身怀绝技的人，却因为没有正确的价值观和健康的人生目标而步入歧途。明智的领导人应该发掘那些随时准备投身高远追求的人，那些对新知充满渴望、为理想竭尽全力的人。

25年来，我在做公司咨询和大学讲学的过程中，多次看到一个令人称奇的现象，那就是一些最不被看好的个人，如果给予一定的机会，他就会有出众的表现！我接触过无数个员工和学生，当他们在追求自己理想的过程中得到必要的引导和训练，他们就会像天上的星星般闪烁出耀眼的光辉。在很多时候，他们也许并不能在绝对意义上取得最大限度的成就，但是，因为他们也会给身边的人带去正面影响，所以他们往往会成为稳定的明星团队成员。

鲁迪·鲁提戈的真实故事提供了一个最有戏剧性的事例。[注1]也许你已经看过那部根据他的个人经历拍摄的令人振奋的电影，电影中他最终实现了自己的梦想，成了圣母大学(University of Notre Dame)的一名学生和橄榄球队队员。高中毕业时，他成绩平平，家境清贫，他的梦想似乎遥不可及。他靠打工攒了一笔钱，但是他的入学申请被一次次否决。他从不气馁，先是进入附近的一个社区学院就读，同时在圣母大学找了份工作，做起了运动场地的管理员，在这个过程中他一直连续不断地申请，最后终于被圣母大学录取了。

身材不够高，球技也不精湛，但凭着热情和执着，他成为校橄榄球队的一名临时队员，训练了整整两年后，才在他的大学橄榄球生涯中第一次穿上了队服，在决赛中充当候补队员。当比赛只剩下几秒钟的时候，很多观众和队员被他的精神所感动，高声呼喊着他的名字，于是教练就让他上场了。在他一生中的唯一一次比赛中，他打了对方四分卫一个措手不及。全场欢声雷动，鲁迪被兴奋的队友们抬了起来。这是他一生的巅峰时刻，这份荣耀他此后再也没有过。确实，就鲁迪的才华和能力来说，他所能奉献的并不比那个穷寡妇的一个铜板更多。但是，他留下了一个激动人心的传奇，被永久地记录在圣母大学的历史上。比起他之前和之后众多的身强力壮且球艺精湛的球星来说，鲁迪为圣母大学橄榄球队树立了一个更具英雄色彩的榜样。鲁迪的故事是一个普通人的故事，他的身量和才华都无过人之处，正因如此，他的拥戴者能够从他的身上汲取力量，发现自我。

从最终的结果来看，主动的、有意识的、真诚的、执着的人，往往比才华横溢但漫不经心的人奉献得更多。那些慷慨解囊的人是否只是随兴地炫耀一下呢？他们能不能持之以恒呢？他们真的尽其所能了吗？而面对那些倾其所有的人们，我们的反应敏锐吗？我们能从那看似微乎其微的奉献中看出他们的真诚吗？这些问题都是耶稣敦促我们去思考的，其实，有了一定的训练和经验之后，大多数的技艺和能力是能够改进的，既然如此，我们何不依据他人现有的能力来评估他的贡献，体会他的心意呢？星星的光芒来自内部，宝石的价值不在于它的外表。很多时候，看似平常的人就像一块璞玉，等待着能工巧匠的雕琢。

耶稣的教导要求我们训练自己的眼光，那是发现美的能力，从他人的努力和牺牲中发现美的所在。他警告我们不要让炫耀的光彩迷住双眼，失去了对真正价值的判断能力。他提醒我们关注一个铜板的价值，它能为我们带来长远的心灵上和经济上的富足。

> **关注他人的内心吧！微小的真诚奉献为**
> **今后的成功打下基础**

注：

1. 本文中关于鲁迪·鲁提戈（Rudy Ruettiger）的故事主要来自于《英雄的公司》中的《梦想成真》（Rudy! Rudy! Rudy! Dreams Do Come True，作者为克里斯托夫·P.奈克）。

超越金钱的奖赏

因为天国好像家主清早出去，雇人进他的葡萄园作工，和工人讲定一天一钱银子，就打发他们进葡萄园去。约在巳初出去，看见市上还有闲站的人，就对他们说："你们也进葡萄园去。所当给的，我必给你们。"他们也进去了。约在午正和申初又出去，也是这样行。约在酉初出去，看见还有人站在那里，就问他们说："你们为什么整天在这里闲站呢？"他们说："因为没有人雇我们。"他说："你们也进葡萄园去。"到了晚上，园主对管事的说："叫工人都来，给他们工钱，从后来的起，到先来的为止。"约在酉初雇的人来了，各人得了一钱银子。及至那先雇的来了，他们以为必要多得；谁知也是各得一钱。他们得了，就埋怨家主说："我们整天劳苦受热，那后来的只做了一小时，你竟叫他们和我们一样吗？"家主回答其中的一人说："朋友，我不亏负你，你与我讲定的，不是一钱银子吗？拿你的走吧！我给那后来的和给你一样，这是我愿意的。我的东西难道不可随我的意思用吗？因为我作好人，你就红了眼吗？"（《马太福音》20：1-15）

在20世纪后半叶，最广为流行并被普遍认可的人类行为准则之一是多劳多得，业绩表现是奖赏的标准。也就是说，完成得多的人自然要比完成得少的人得到更多的回报。与之相呼应的是B.F.斯金纳（B.F. Skinner）的增强理论（reinforcement theory），最初流行于心理学领域，[注1]其后渗透到各个领域。这个理论认为人的行为是受行为后果影响的，因而，为促进目标行为而设立的奖励有助于人们改进自己的行为。依照增强理论，工作一整天的人理应比工作半天的人获得更多的报酬，那些才工作了一个小时的人更加无法相比。然而，耶稣的教导似乎和这个被普遍认同的理论针锋相对，当我们揣摩这个故事的含义时，不免会心生疑惑，它和当代领导方式还有相通之处吗？

更为糟糕的是，这个故事也和拥趸众多的公平理论（equity theory）相悖，[注2]根据公平理论，人们会自然而然地将自己的投入（业绩、努力等等）/回报率（获得的奖赏）和他人的相比较，如果他们觉得不公平，尤其当他们是吃亏的一方时，他们就会产生激烈的情绪波动，继而会做出一些行动来对抗这种不公的待遇，比如不再那么努力，甚而会打退堂鼓。这些理论已经被人们广泛接受，多劳多得、公平分配已经是深入人心的管理学法则，因而，相比之下，耶稣的教导显得没有什么道理。

那么，耶稣的教导到底有什么可取之处？耶稣到底想要告诉我们什么？我必须承认的是，当我开始我的研究工作和咨询生涯的时候，我极力推崇增强理论，我也是公平理论的支持者。在那些恍若前世的日子里，我无法对这个故事的内涵产生任何共鸣，事实上，我的态度称得上是排斥和嗤之以鼻。然而，此后，我开始严肃地重新审视自己的立场。我并不认为依据增强理论和公平理论所产生的管理方式已经不合时宜，但是过分地依赖它们，不仅于事无补，有时还会越来越糟。

首先，这种胡萝卜加大棒的做法有其致命的局限性，要知道，我们领导（说得好听点叫做管理，说得难听点叫做操纵）的是智力发达的高级动物。我们给予他们一点奖励，是因为他们的行为符合了我们的期望，这种狭隘的做法会导致严重的后果：我们是在培养投机分子，我们等于在教他们为获取个人的回报而工作，我们也在培养机会主义者，我们在教他们对所从事的工作挑三拣四，把奖励和报酬作为唯一的动力。从根本上说，我们是在训练他们只做我们交待他们去做的那一小部分工作，而且他们的目光永远停留在可能得到的奖励上面。这不由得使我想起了不久之前在圣彼得堡观看的一场马戏，那些小熊每次爬完梯子或者走完钢丝，都急不可耐地跑下台，从驯兽员手里得到属于它们的那份奖励性食物，它们的憨态常常引来观众的哄笑。但是，如果拥有高超智力和创造力的人类也沦落到如此地步，那就不仅不好笑，甚至很可悲。

其次，激发奉献精神（对所从事的事业满怀激情和渴望）和做主人心理（在心理上有做主人的感觉，因为企业的成功里有我们的一份努力，我们的投入和创造力是有价值的，我们为此而自豪），是更为有效、更为人性化的领导方式。追随者对领导的信任是这种领导方式的先决条件，也就是说，追随者必须信任领导会将他们的利益放在心上，会真心地接受和赞许他们的参与。人们的付出当然需要得到回报，因为他们要生存，不仅如此，他们还应该得到很好的回报，分享到企业的利润。当工作完成得很出色时，他们也应该受到嘉许和认可。但我们不应该把注意力只放在回报上面，否则，人就会成为唯命是从的投机者，而不是全心全意、具有奉献精神的不断提高的人。

如今，很多企业都发现了激发奉献精神/做主人心理的领导方式有其不可比拟的优越性，它所产生的效果明显好于交易式的领导方式。这里且看戈尔公司（W. L. Gore & Associates）的例子，这是一家成功的、富有创新精神的户外用品制造商,他们的产品如今还包括医药材料和工业原料。公司领导尽量淡化金钱和物质上的回报,努力寻找其他的方式激发员工的积极性。"无管理化"和"无结构化"就是他们提出的新型领导方式,在这种领导方式之下,员工们可以自行着手新的研究项目,他们也可以从工作的角度寻找最佳搭档,而不需要通过传统的等级链。在戈尔公司,拥有自主权的员工备受敬重,他们被称为合作伙伴,而不是雇员。戈尔的成功是稳妥地建立在全体员工的努力之上的,而不是靠物质利益的刺激。公司创始人的女儿莎莉·戈尔(Sally Gore)曾经这样说道:"我们并不认为我们需要付出最高的薪酬,我们也从来不会用高薪将员工从别的公司挖过来。我们希望他们到我们公司工作,是因为这里有良好的发展机会和独特的工作环境。"[注3]

我在前面已经提到过,越来越多的企业及其领导人开始意识到,将权力下放到团队是提高企业和劳动力功效的最佳方式。在团队形式下,员工个人报酬的基础通常是按知识技能计酬的体系,也就是说,掌握越多的技艺,展示越多的才能,就会获得越多的报酬。这种方法当然能有效地促进求知欲,但同时也会产生一些令人遗憾的副作用。比如,我咨询过的一个公司就是在他们的自主团队里实施了这种薪酬体系,但是过了不久,一些资深员工开始显得很沮丧,也失去了进取的动力,有些人甚至辞职了。原因就在于，这个体系尤其重视掌握新技艺，资历浅的员工，需要学习很多东西，学得也快，他们的报酬就直线上升。相反，资深员工就被冷落了，于是，这些身怀技术的员工慢慢丧失了最初感受到的做主人的感觉，他们对未来前景的看法开始动摇，继而感到不公平和被排斥，于是就会患得患失，对报酬的斤斤计较使他们忘却了当初的献身精神和积极主动。

在以团队为基础的工作体系中，让所有的队员得到公平的待遇是很重要的，也就是说，无论是最优秀的队员，还是表现不够理想的队员，他们都应该公平地分享属于团队的奖励。如果一位队员没有全力以赴为团队作贡献，那么，团队有责任帮助他改进。每个人都有艰难的时刻，如果一个团队中刚好有队友处于个人生活的低潮期，队友们应该联合起来，相互鼓励，渡过难关。对于团队成员来说，奖励当然是很重要的，但是，如果把它视为中心，那么，团队真正拥有的优势（如相互支持和增效作用）就失去意义了。在团队中，队友们应该学会超越对于公平与否的计较，真诚地为队友祝福。

有时候，在一个团队中，队友间会产生报酬和贡献并不相称的情形，一些团队成员可能掌握了更多的技术，于是贡献就相应更大一点。有些队员也许正挣扎在个人问题之中，他们的能力暂时不能有效地发挥。在这种情形之下，某些另外形式的奖励，比如队友之间的相互支持和体贴，就会变得格外重要。一旦在员工之间形成了一种团结融洽的氛围，他们就会相互宽容，滋生出手足般的情谊。

耶稣的故事明确地对我们说出这些道理了吗？也许没有。但是，他挑战我们去重新思考奖励，尤其是金钱的奖励，对激发人的主动性到底有多少作用，这就是耶稣留给我们的最重要的一课。我们决不能脱离我们正在执行的任务而把眼光落在奖励上，否则，我们就会忽略了一些更为重要的问题：我们是需要有激情的、高智商的行动者，还是被训练出来的耍宝小熊？我们是鼓励员工多为公司做贡献，还是仅仅是学会顺从？我们是要培养一种团队精神，还是叫员工只关心一己之利？我们是希望人们能真诚地为他人的福祉欢呼，还是把别人都踩在脚下？

明智的领导呼唤献身和团队精神，拒绝交易式的顺从

注：

1. 见 B.F. 斯金纳（B.F. Skinner）的《超越自由和尊严》（Beyond Freedom and Dignity, New York：Knopf, 1971）。

2. 见 J. 亚当斯的《对不平等的一种理解》（Toward an Understanding of Inequity, Journal of Abnormal and Social Psychology, 1963, 卷 67, 第 422－436 页）。

3. 见亨利·P.希姆斯与查尔斯·C.曼兹合著的《没有老板的公司》中的《无正式团队的自我领导》（Self-Management Without Formal Teams：The Organization as Team, 作者为弗兰克·希佩尔）。

第 4 部分
播撒金色芥菜种

参天大树来自一粒小小的种子。明智的领导人,选择
一块肥沃的土壤,选择一个合适的时节,播下你的
种子,等待它破土而出,苗壮成长吧!

芥菜种的力量

　　天国好像一粒芥菜种，有人拿去种在田里。这原是百种里最小的，等到长起来，却比各样的菜都大，且成了树，天上的飞鸟来宿在它的枝上。（《马太福音》13：31－32）

　　在耶稣的教导中，我时常认为这段经文最引人注目。在当今的世界里，快速的发展变化令人眼花缭乱，全球化进程推动着不同国家之间的大联合，我们如同置身于超现实的虚拟世界之中，身边的事物在日益膨胀中失却了原本的面目。如果想要在这种交替变化的现实中求生存，那么你似乎就要奉行这种"越多越好"的哲学：不要去做小事情；相反，要去夸大你的选择和行动。

　　这样的人生哲学必定会对领导方式产生影响，在人们的期待中，领导人应该是拥有某种神奇的洞察力和魅力的超人，是富有戏剧性的、英雄般的人物。他们应该为众人指出一条不同寻常的成功之路，他们的企业也应该有骄人的业绩。在这种期待中，一些企业成为创新理念的工厂，不断爆出令人称奇的突破，把一个个纪录甩在身后。还有一些企业不惜一切代价追求绝对效益，无论是商场之间冷酷的勾心斗角，还是冷血的大裁员，都在所不惜。这种人为制造、人为推动的神话显然已经严重背离了现实，妨碍我们把握对现实健康而正确的看法。

公允地说，我们一定要记住，很多企业已经沦为有着重重繁文缛节的官僚机构，他们更注重保持自己的形象地位。在刻板的级别体系内，领导力已经无从谈起。管理层拒绝变革，进而拒绝任何方面的改进，自我保护的态势占了上风。因而，当新的、美好的一天开始之际，我们热烈欢迎暴风骤雨般的变革进入我们的生活和工作。不幸的是，在变革浪潮的冲击下，我们可能要面对牺牲，就像俗话所说的，婴儿可能会和洗澡水一起被倒掉。

耶稣提出了一个截然不同的看法。他告诫我们，不必费尽心力去追寻不现实的、看起来却很大很好的幻觉。相反，最小、最不起眼的东西，比如一粒小小的芥菜种，却能带来意想不到的结果。他的这番话给那些好大喜功的企业及领导人敲响了警钟，让他们在高调出场之前三思而行。而那些低调的、看似不起眼的行为和事物，有时恰恰是成功的敲门砖。就如中国古话所说的：千里之行，始于足下。

对耶稣的这种理念做出最好诠释的实例当推 3M 研发的便条贴的幕后故事。当初，公司在投入了大量的人力和财力之后，收获的结果仅仅是一种粘性不足的低级胶水，但是，一位员工巧妙地利用了这一失败，他把这种胶水涂在小纸条的背后，小纸条就成了很好用的书签，他在教堂唱赞美诗的时候，正好用得上这种书签。同时，他还发现，这种涂了胶水的小纸条还可以做便笺，方便人们随手作笔记。于是，这一发现在公司内部得以推广，员工们的热烈反响催生了一个崭新的产品。在这个过程中，没有宏大的科技革新，只是一个小小的好点子，就解决了生活中的小小不便，开辟了一个大市场。这个产品成了公司名副其实的摇钱树，每年为 3M 带来数百万美元的利润，这个产品也实实在在地为世界各地不计其数的使用者提供了便利。

3M 便条贴的故事可以说是对耶稣关于芥菜种领导理念的形象化描述，而畅销书《慈悲为怀》则是更直接的阐述。[注1] 此书通过收集得来的各种故事、名言和想法，建议人们随时留意身边点点滴滴可行的善事，爱他人，帮助他人，共同营造一个更美好的世界。向身处困境中的人伸出援手；用支持和帮助给他人以惊喜；把他人的需求放在首位……当我们用实际行动实践这种理念的时候，就如同在一路播撒金色的芥菜种。试想一下,如果领导人能够更多播撒种子,让它们成长,结出丰饶的果实,而不是刻意成为万人瞩目的舞台上的明星,那么,他们就能为世人树立榜样。

由此可见,领导者不必抢风头,追随者更不该推波助澜。在人类历史上,无论是名闻遐迩还是臭名昭著的领导人,都被反复冠以两种领导风格,它们分别是"铁腕独裁"(strongman)和"愿景英雄"(visionary hero)。[注2] 铁腕独裁式的领导风格是以专制的统治来影响和制服他人,它的基础主要是被领导者的恐惧和怯懦,无数冷酷无情的国际大独裁者、令人生畏的体育教练和说一不二的商业领导人都采用了这一策略,它导致了建立在恐惧基础之上的顺服,只要领导人的威力还在,追随者就会唯命是从;但是,一旦这样的领导人离去了,或者降到一个卑下的地位,追随者们就会迫不及待地奔走相告,额手相庆。

相比之下,我在前面有关伦理的章节里提到过的愿景英雄式的领导人就更加正面,也更加令人敬仰。事实上,在危机压顶或者重大变革来临之际,这一类领导人是我们最为需要的。但是,这类具有非凡人格魅力的领导人往往攫取了所有人的目光,追随者们在全身心的托付之际也往往会产生依赖心理,一旦领导人离去或者发生变动,那么他所领导的事业也就夭折了,因为他是顶梁柱,顶梁柱一抽走,大厦也就倾覆了。我以前就注意到,很多被公认为杰出领导的人物经常表现出愿景英雄的风范，他们中有甘地、马丁·路德·金、J.F.肯尼迪……因为他们是目光聚焦的绝对中心，这就存在着巨大的风险，有可能将追随者引向灾难或者是不道德的境地。阿道夫·希特勒、戴维·柯瑞斯（David koresh）和吉姆·琼斯之流对于他们的追随者来说也是愿景英雄式的领导人，但他们都走上了万劫不复的绝路。

从耶稣关于芥菜种的教导中，我们可以得到的最大启示是，我们毕竟都是有限的普通人，正因如此，我们不必去追求戏剧性的效果。相反，如果我们尽了自己的能力，每天从身边的点点滴滴善事做起，伟大的前景就会慢慢浮现。英国诗人威廉·布莱克（William Blake）说得好："一沙一世界，一叶一菩提；寻常细微之物，常常是大千世界的缩影。"耶稣告诉我们的也是要关注蕴藏在细微事物里的蓬勃力量，确实，即使播撒的是最不起眼的芥菜种，只要能得到爱的阳光雨露，它也能长成参天大树。

聪明的领导人最知道蕴含在芥菜种里的惊人力量

注：

1. 见《慈悲为怀》(Random Acts of Kindness)、《慈悲为怀续篇》(More Random Acts of Kindness)及《慈悲为怀从小做起》(Kid's Random Acts of Kindness)，均出版于 1993 年(Berkeleg, Calif.：Conari)。

2. 关于这两类领导风格的进一步论述，请看亨利·希姆斯与查尔斯·C.曼兹合著的《英雄的公司》(第 27 页)，以及亨利·P.希姆斯与查尔斯·C.曼兹合著的《新型超级领导力》(The New Super Leadership：Leading Others to Lead Themselves, San Francisco：BK,2001)。

运用金色芥菜种的力量

你们若有信心像一粒芥菜种，就是对这座山说，"你从这边挪到那边"，它也必挪去，并且你们没有一件不能作的事了。（《马太福音》17：20）

在这段经文里，耶稣进一步告诉我们，从细微处着手的领导方式拥有强大的潜在力量，关键在于信心。关于信心，耶稣在他的教导中反复提及，在这里，耶稣更是明确指出，哪怕我们只有一点点信心，小得就像芥菜种那样微不足道，但它的力量也是不可阻挡的，在信心面前，没有不可能的事情。这确实是一个勇敢的宣言。

从古到今，有多少人用信念和决心武装自己，向不可能完成的使命挑战，他们确实让我们刮目相看。罗杰·班尼斯特（Roger Bannister）在不到四分钟里跑完了一英里路程，这是一项被公认为不可能完成的壮举，受到他的鼓舞，无数运动员坚定了信心，几年后，已经有十余位运动员跑出了同样的好成绩。托马斯·爱迪生则是一次又一次地将不可能变成可能：他让空心的玻璃管放出光芒，他在一片塑料上记录了人类的声音，他在影片上记录人类的动作，他还有许许多多的奇迹般的发现。赖特兄弟的发明则让人类插上了鸟儿的翅膀。这个名单还可以一直写下去，正是这些没有任何超人特质的普通人创造了无数个奇迹，我们可以说，他们拥有的，是坚定的信心。

当然，"信心"一词在耶稣那里有着特定的含义，那就是对上帝的信靠和托付，那是属灵上的忠诚，是超越人类能力的力量源泉。对此，我相信很多人又会感到困惑，在大学任教多年后，我对这一点尤为敏感。在学术界，现实压倒了超现实，也就是说，当我们在记录或者衡量一个想象时，我们的出发点通常是基于一个实体的、可观察的对象。将信心建立在不能眼见的对象上，那是很多学术界人士无法接受的，换言之，我们从来就没有接受过这种模糊概念的训练。我们中有很多人，把自己局限在自以为真实的范畴之内，继而强迫这个世界来适应我们的局限性。要纠正这个有失偏颇的观念，我们必须坦然地承认并接受一个事实，那就是我们自身有着很大的局限性，确实，承认这一点需要羞耻之心和勇气，当然，还有信

心，这并不是每个人都愿意去做，也不是每个人都做得
到的。

从一开始，我就说过，本书并不想成为宗教人士的读
本，我关注的重点是如何从耶稣的教导中提炼出有现实意
义的智慧，为寻找领导他人和自我领导的有效方式提供一
些真知灼见。本着这样的意图，我无意对耶稣的教导作深
入的、宗教层面的探究和归纳，而是旨在挖掘与人类经验
相关的道理。关于信心，耶稣说，信心可以让我们挪移大
山，可以让我们做成任何事，这是一个强有力的宣言，而在
现实生活中，信心的重要性也同样是被反复强调的。增强
我们的信心，这是具有真正价值的一课，马克·吐温说过：
"如果你认为你能够，或者，你认为你不能，你很可能说
中了。"

卡莉·菲欧里纳（Carly Fiorina）的成就和人生哲学是
这种信念的形象化体现。[注1] 1999 年，她被任命为惠普公司
（Hewlett-Packard）的董事长兼首席执行官，虽然后来公司
陷入困境，致使她离开了惠普，但是在当初，这一纸任命使
得菲欧里纳成为历史上领导最大的企业的女性官员。在
一次个人访谈中，她说："在我的生活和我的职业生涯中，
我向来信奉'永远没有止境'，我的父母在我的成长过程中
一直很明确地告诉我，我可以做成任何想做的事情，如果
说有限制的话，那也可能是我自己强加给自己的。"[注2] 这种
非凡的信心始终贯穿在她的领导理念里，她这样说道："地

球上的每一个男人和女人都是天生的领导人,作为领导人,他最大的责任就是尽可能创造一个环境,让身在其中的人们变得富有创造力,变得无所畏惧……让人们燃起改变世界的激情……我乐于看到人们和企业能够超越自我预期,比想象中的做得更好更多。我太愿意看到这一切了。"〔注3〕

同样重要的还有黄金法则,它值得我们牢记在心。耶稣在他的教导中,时常直接或间接地倡导爱人如己的黄金法则,其核心理念就是运用信心的力量,将这种力量集中到有意义的事物之上(换言之,就是真心地关怀他人的福祉)。进一步来说就是我们将会拥有能挪移一座大山的金色芥菜种的力量——如果我们能够优先考虑他人的需求,把他人的事情当作自己的事情来做。确实,耶稣教导中明确指出,在人心中种下富有生命力的芥菜种,并辅以黄金法则,这二者相结合,能产生人类可能拥有的最伟大的力量。

艾伦·弗尔斯坦用悲天悯人的领导方式实践了耶稣的教导,我们在前面已经简要地提到过艾伦的故事。1995年,一场大火烧毁了他在马萨诸塞州劳伦斯镇的纺织厂,面对灾难,很多人都劝艾伦关闭纺织厂,但是艾伦没有听从他们的建议,照样发工资给2400位员工,他因此每个星期都要花去150万美元,并有可能消耗掉一生的积蓄。当时的董事会、管理层以及他的家庭都觉得他这样做是在发疯,但是艾伦坚持自己的立场,因为他觉得自己对员工们负有责任。同时,他也不愿意因此断绝劳伦斯这个小镇的生路,他的纺织厂是小镇居民主要的就业机会来源,劳伦斯需要它。艾伦把他人的福祉放在了首位。

事实上,艾伦播下的芥菜种慢慢长成了大树。后来,纺织厂的生产力有了大幅度的提升,他们生产的抓绒布料每周产量比火灾之前增加了 50%,艾伦曾经说过:"他们给予我 10 倍的回报。"艾伦毫不掩饰他对充满慈悲的领导方式的推崇:"当员工忠诚于我们的时候,我们也要回报以同样的忠诚……如果公司以合乎道德伦理的准则处理问题,受益者不仅仅是公司,还有所有利益相关人士。"[注4]

据艾伦说,他收到了全美各地来信近 1 万封,这些来自不同企业的员工在信中表达了对艾伦所作所为的赞赏,在竞争激烈的商业社会里,很多企业为了站稳脚跟,根本无视员工的权益,让员工们对美国的企业失望至极。但是,艾伦的行为却让他们重塑了信心,看到了希望,艾伦经营的默顿纺织厂(Malden Mills)成为他们心目中理想的美国企业的代表。艾伦认为,企业想要做大做强,大可不必紧盯眼前的一点利益患得患失,也不必迫于经济压力而大举裁员。在 1997 年菲尼克斯经济俱乐部年会上,他倡议领导人应该重义轻利:"但愿如今的 CEO 们不要再炫耀自己的股票期权……而是更多关心社会责任和慈善事业,更多说说自己为员工和社区做了些什么吧。"

　　说到这里，默顿纺织厂的故事以及它所面临的严峻考验并没有结束，一系列棘手的难题，比如保险赔偿金不足以重建工厂、社会整体经济的衰退、其他厂家的抓绒价格更为优惠等等，使得该企业举步维艰。同时，行业的不景气使得同类厂家纷纷关门，在这种情况下，默顿纺织厂最终也未能幸免于难，不得不宣告破产。[注5]但是，即使在这样绝望的境地，艾伦依然没有放弃希望，力争保留1200多位员工的工作，同时也努力创造利润，早日走出破产阴影。到2003年时艾伦的愿望达到了，不仅如此，最近国会通过了一项拨款数百万美元购买抓绒布料的议案，为美国军队添置制服。这笔款项，加之默顿纺织厂旁边的一块地卖给地产开发商，得到1亿美元，这些收入保证了艾伦有能力重振企业，并保住了所有员工的工作。无论默顿纺织厂的故事如何演变，我们可以清楚看到的是，艾伦·弗尔斯坦已经戏剧性地演绎了一个领导人如何凭借信心的力量以及对他人福祉的深切关怀，面对最严峻的考验毫不动摇，为光明的未来播下了金色的种子。

　　当耶稣的教导受到挑战时，他往往表现得坦诚而又直接，请看以下经文：

　　内中有一个人是律法师，要试探耶稣，就问他说："夫子，律法上的诫命，哪一条是最大的呢？"耶稣对他说："你要尽心、尽性、尽意,爱主你的神。这是诫命中的第一,且是最大的。其次也相仿,就是要爱人如己。这两条诫命是律法和先知一切道理的总纲。"(《马太福音》22∶35－40)

在这段简洁的宣言中,耶稣将他的最高要求表达得十分清晰,那就是爱。

耶稣通过金色芥菜种这一教导,告诉我们,爱和信心相结合,能产生最大的能量。对于领导人来说,这一点尤其具有重要的指导意义,因为他们的职业决定了,如何对待与影响他人是他们不断要面对的抉择。耶稣认为,即使将硝酸和丙三醇,或者任何两种爆炸性原料混合在一起,也难以产生像爱和信心结合在一起所产生的爆发性的力量。也许有一天,这两种元素将被广泛应用,成为所有真正杰出的领导人的力量源泉。令人遗憾的是,到今天为止,只有为数不多的领导者,如甘地和特蕾莎修女,当然还有艾伦·弗尔斯坦,懂得了其中的真谛。这正是耶稣教导中的精华所在,它对今天以及未来的领导人有着持续的指导作用:用爱和信心来领导,面对大山一般的挑战不怯懦退缩,一切都有可能。

用爱和信心去领导，你的力量可以挪动大山

注：

1. 见亨利·P.希姆斯与查尔斯·C.曼兹合著的《新型超级领导力》中的《惠普的卡莉·菲欧里纳》(Carly Fiorina of Hewlett-Packard, 作者为 Seokhwa Yun 及亨利·P.希姆斯，第 87 - 93 页)。

2. 同上书，第 88 - 89 页。

3. 同上书，第 3 页。

4. 本文关于艾伦·弗尔斯坦的故事来自于朱莉·埃莫帕拉诺(Julie Amparano)的《关心员工会有好回报》(Taking Good Care of Workers Pays Off, Arizona Republic, 1997 年 1 月 23 日，E1 和 E8 版)。

5. 关于艾伦·弗尔斯坦的后续故事见于罗伯特·D.马可斯的《默顿纺织厂：一个关于精神和商业智慧的当代故事》(Malden Mills: A Contemporary Story of Spiritual and Business Wisdom)，收于查尔斯·C.曼兹与凯伦·P.曼兹及罗伯特·D.马可斯合编论文集《信仰与学术》(Spiritual Beliefs and Scholarship, Management Communications Quarterly, 2004 年 5 月 17 日，第 611 - 620 页)。

一仆不事二主

一个人不能侍奉两个主。不是恶这个爱那个，就是重这个轻那个。你们不能又侍奉神，又侍奉玛门。①（《马太福音》6：24）

这是我们生活中的一个重大挑战，耶稣把这个问题提出来，显示出他无与伦比的智慧。好好地思考一下我们生活的目的吧（或可以称之为"使命"），尤其是当我们希望有一个丰盛的、有意义的人生，但同时又有想出人头地的野心。

《耶稣的领导智慧》第一版出版后，我多次听到读者的反馈，有些人说："这本书对我很有帮助，我的很多信念也得到了支持，希望它能够对职场生活有更实际的指导

① "玛门"是钱财的意思。

作用。但是,在这个竞争激烈的商业社会,你又怎能将耶稣关于爱和信心的理念运用到严酷的现实中去呢?"或者,换句话来说,商业的基本价值观注重利润、高效能和责任制,而耶稣的教导提倡的是爱、宽容和公义等等,这两者又怎能融合到一起呢?

当我着手编写本书的新版本,考虑加点什么新的内容时,这个棘手的难题在我脑中挥之不去。必须承认,我是考虑再三才最后决定把这个难题加入进来的,它对于我来说是个挑战。但是,我希望传统商业伦理与精神美德的冲撞会迸发出加倍的能量。同时,我要再一次提醒读者,也包括我自己,我不是一位布道家,我无意劝说任何人皈依上帝,也不想传教。但是,我确实希望本章所提及的重大问题,对于每一位寻求高效能领导力的人来说,都是至关重要的。我也相信,本章所讨论的问题是有现实意义的,尤其在最近接连爆出像安然公司和世界通信那样的商业丑闻之后,我们对这个话题展开讨论是很及时的。

如今,人们对那些玩弄职权、做假账的企业高管的可悲形象依然记忆犹新,他们带给世人的震惊尚未消退。最终,安然公司以及其他问题企业相继破产了,但是,更严重的后果是,广大员工付出了巨大的代价,数千人失去了工作和一生的积蓄。当我们的脑海里充斥着这样的一幅幅画面——贪婪的高级主管坐在流光溢彩的豪华办公室里，为了自己的私利，不惜滥用职权，操纵企业以及企业中为他们工作、靠着他们生活的员工——我们多么欣喜地看到，像艾伦·弗尔斯坦这样的领导人依然存在，这位在我们的书中不止一次提到的杰出领导人，在他的工厂遭受毁灭性的火灾之后，表现出了非凡的爱心和勇气，他冒着千金散尽的风险，在重建工厂的过程中坚持发放员工工资。他是一位为他人甘愿冒险的成功商业人士，但他的所作所为似乎有悖于职场人士心目中的"商业意识"。另一位高级企业管理人员的形象也给我留下了深刻的印象，麦奇·惠特曼曾经在多家公司担任过显要的职位，比如宝洁公司（Procter & Gamble）、迪斯尼以及孩之宝/儿乐宝（Hasbro/Playskool），这些公司都给她良好的待遇和豪华的办公室。但她却接受了易趣网（eBay）的聘请，在她的领导下，羽翼未丰的易趣网迅速成长为年收入数十亿美元的大公司，而麦奇的决策都是在一个小小的格子间办公室里做出的，和其他员工的办公室没什么两样。[注1]

以上例子的反差显然太大了，多数时候，我们看到或听到的都是一些领导人以权谋私的例子。在大多数的企业文化里，同情和爱等美德让位于获利、效率和理性等显然占据上风的传统商业价值观。例如，翻看《华尔街日报》上面的文章，你会发现，诸如"大获全胜"和"竞争优势"等等字眼频频出现，但你几乎找不到和美德及爱有关的概念。[注2]这种商业价值观和我们所提倡的个人行为形成了冲突,追求公义和诚信的个人却在企业生活中无所顾忌地追求利润,这会给他们带来巨大的压力,从而产生冷酷而不道德的行为。

不幸的是,个人为了维护企业的利益,保持与企业的一致性,而不得不违背个人信仰的事例在历史上不断出现。在安然事件里,诚实且有爱心的相关人员显然背弃了个人内心深处的价值观,为了演好自己的职场角色,为了完成上级的指令,为了不影响个人前途,为了不丢掉饭碗,他们有意无意地做出了伤害他人利益的不道德的、甚至不法的行为。

相反,耶稣告诉我们,要注重道德,清白地生活,正直地工作。在追求自我完善的过程中,我们也许不会走上一条快速获得财富、权力和职业发展的道路,但是我们完全有可能拥有一种更有活力、更美好、有着深层意义的生活。

凯洛·托梅(Carol Tome)是美国家得宝(Home Depot)的财务总监,她曾经谈过自己的一段经历,在那段短暂的时间里,她迷失了人生方向,忽略了生命中最重要的东西。[注3]那时她刚刚担任领导职务,看重的是业绩和盈利,而不关心个人的价值,在给一位员工做业绩评估时,她仅仅给那位员工打了一个电话。她后来回想起这件事,心里充满内疚:"真是太糟糕了,我这样做太不近人

情了。我之所以打个电话了事，是因为那时我正在谈一
笔生意，我觉得那比会见员工更加要紧。"后来，那位员工
辞职了，对于他的离去，凯洛自认为也有一定的责任。她
至今都在懊悔没有抽出一点时间来见一见那位员工，"一
想起那件事，我就责备自己。"她说。后来，她对工作的看
法发生了变化，虽然她依然努力工作，追求事业的成功，
但工作已经不是她的生活重心了，她开玩笑说她会很在
乎墓志铭上的题字："如果上面刻着：'她曾努力工作'，那
说明我很失败；如果上面刻着：'她改变了我的生活'，那
才说明我成功了。"

　　耶稣的教导告诉我们，我们要坚持关爱他人、诚信和
正直等品格，即使它们和商业价值有冲突。例如，当某一
位客户有某种特殊需要时，我们会尽量去关心他，提供额
外的服务，也许按照公司的惯例，对待这类客户要求只需
从节约成本出发，公事公办即可。或者，在生产和服务过
程中，凭借法律和伦理标准的支撑，尽全力营造一个安全
的环境，即使从公司节约成本的目的出发，试图降低安全
的标准，我们也要据理力争。

　　以这些更高标准为准则来领导他人，必然要面对很
多艰难的选择，同时，它也要求我们对身边的人给予更多
的关照，他们被我们选中，成为我们身边的一员。在选择
我们的下属时，我们会不由自主地选择那些同意并支持
我们观点的人，他们的忠诚使得他们在其他方面的价值

都变得无关紧要。但是,在这个复杂、充满活力的全球化商业环境里,我们更应该和那些能够负起责任的人共事,当我们在商业伦理上彷徨迷茫时,他们能给我们当头棒喝。这是一种新型的忠诚,它会使领导人更有道德,而不是仅仅取得传统意义上的成功。

同样重要的是,我们必须强调,选择有道德的行为和商业上的成功(即使从经济角度来衡量)并不矛盾,它们甚至可以相辅相成。请看约翰·邓普顿爵士(Sir John Templeton)的例子,这位被很多人视为历史上最成功的投资者拥有商业上的巨大成就,他的代表作就是收益丰厚的邓普顿共同基金公司(Templeton Mutual Funds),但是,在他的职业生涯里,他始终认为精神原则和价值,远比商业重要,他甚而用灵性和祷告来指导他的商业决策。

事实上,邓普顿最初的理想是成为一名传教士,但后来他发现自己的才能更多是在商业上,而很多人在传教事业上会做得比他更出色。[注4]之后,他进一步发现,商业成功为他提供了经济后盾,他能够更好地从经济上援助那些传教士以及其他神职人员。邓普顿在管理邓普顿基金公司的过程中,他的关注点不仅仅是个人的收益,他更远大的目标是将他的财富作为服务他人的工具和方式。今天,我们可以说,他确实做到了这一点,他以自己的力量改变着世界,他创建的邓普顿基金会为全球性的人类服务项目提供了数百万美元的援助,而邓普顿奖金则是当今数额最大的人类学奖金。

邓普顿用他振奋人心的事例告诉了我们目的与方式之间关系的重要性,我们要始终明确我们的目标是什么,帮助我们达到这个目标的方式又是什么。商业经济的成功可以作为服务人类的一种方式,邓普顿的行为与耶稣教导的主旨是一致的,他没有"侍奉两个主……又侍奉神,又侍奉玛门"。相反,他辛勤工作,追求事业上的成功,他用这个方式为上帝以及这个地球上他视若弟兄姊妹的人们服务。尽管在属灵价值和事业成就之间,存在着不可避免的冲突,而如何取舍也对人们形成了挑战。邓普顿的事例让我们看到了一线希望,始终牢记谁才是我们最终要服务的"主人",让才能与正直的人格相结合,让智慧与爱及怜悯之心相结合,这是形成仆人式领导方式的基础。

注：

1. 本例的信息来源于 2004 年 12 月 23 日刊登于《快捷企业》(Fast Company)中的《麦奇·惠特曼面对面》(Face Time With Meg Whitman)一文,网址为：Http://pf.fastcompany.com/magazine/46/facetime.html。

2. 见 J.P.沃尔胥、K.韦伯和 J.D.马格里斯合著的《管理学中的社会问题》(Social issues in Managemeng：Our lost cause found,Journal of Management,2003,卷 29,第 859 - 881 页)。

3. 见《第一步,统观全局》(First,Walk the Course,《纽约时报》,2005 年 1 月 30 日,BU,第 9 页)一文中凯洛和伊夫·塔明奇格鲁(Eve Tahmincioglu)的对话。

4. 本例详见于查尔斯·C.曼兹与凯伦·P.曼兹、罗伯特·D.马可斯、克里斯托弗·P.奈克合著的《所罗门的工作智慧》(The Wisdom of Solomon at Work, San Francisco：BK,2001,第 124 - 127 页)。

第二版讨论提纲

　　《耶稣的领导智慧》出版后的这段时间里，我陆续了解到，有不少读书俱乐部或学习班都将本书作为讨论的对象。这些小团体以不同面目出现，有大学院校的读书会，有教会的查经班，有商界人士的集会，也有男性读书会等等，不仅在美国本土，海外也有这些团体。我时常受到邀请，参与这种集会的讨论，发表演讲，提供一些有关本书阅读及讨论的建议。在这里，我也愿意和本书的读者共同分享。

　　首先，请记住，这本书是为不同背景的读者撰写的，期望能为他们在不同情形下提供有价值的参考。同时，也请记住，我在前面已经讲得很清楚，我既非传教士，亦非神学家。但我拥有很多其他社会与家庭角色：我是一个大学教授，也是咨询师和演说家，我是丈夫、家长和作家,我也是日常生活和工作中各种磨练的接受者。我相信,讨论小组活动成功与否,取决于它们是否认真考虑了每一位成员的特殊要求和兴趣。

显然,你的集会之基调和特质会随着集会地点及成员身份的改变而发生变化,比如,如果集会设在某位成员的家里,是一个邻里之间的组合,那么,它的基调就不同于以公司为单位的集会,也不同于设在教堂或其他宗教场所的集会。

做好这种心理准备之后,我建议在组织读书讨论会之前,先认真思考一下以下的问题:

1. 你成立讨论小组的目的是什么?小组成员为什么会参加你的集会?他们希望从中学到或得到什么?

2. 对于你的小组成员来说,使用何种语言最为贴切、有效?例如,大多数成员都愿意使用宗教语言吗?这会不会使某些成员产生排斥感?

3. 各成员的社会地位均等吗?是否需要考虑他们的不同身份?例如,小组里有没有成员在工作中是上下级关系?

4. 这是一个公共的团体(比如大学或者社区团体,有条件接受来自于州市或联邦政府的资金援助)还是私人的团体(比如私立大学或者以自愿者为基础的读书俱乐部)？

5. 为了更好地配合每一位成员的特殊需要,使读书讨论会成为一个开放而又包容的交流场所,是否还需要作一些额外的考虑?

　　创建一个成功的读书讨论会的另一个要素就是讨论的主题,有些读书会依照本书的编排,按章节次序安排讨论,也有一些读书会挑选特别感兴趣的话题展开讨论。例如,我的一位同事以"如何成为仆人式领导"为主题安排了一系列讨论会,"仆人式领导"这一章就成了讨论会的背景资料,他还从《圣经》中选取相关段落来深化主题,他选取的经文包括以下几段:

　　在你们中间,谁愿为首,就必作众人的仆人。(《马可福音》10：44)

　　我是你们的主,你们的夫子,尚且洗你们的脚,你们也当彼此洗脚。我给你们作了榜样,叫你们照着我向你们所作的去作。(《约翰福音》13：14-15)

　　人为朋友舍命,人的爱心没有比这个大的。你们若遵行我所吩咐的,就是我的朋友了。以后我不再称你们为仆人,因仆人不知道主人所作的事;我乃称你们为朋友,因我从我父所听见的,已经都告诉你们了。(《约翰福音》15：13-15)

　　通过思考和探讨以上所列的经文，讨论会成员们得以在踊跃的交流过程中，促进共同的认知提高和个体发展。这种以耶稣教导为核心的讨论，让参与者更深刻地体会到，成为仆人式领导对于他们自己以及他人来说，究竟意味着什么。

　　根据我个人的经验，以一系列内容广泛的问题为线索，引发参与者积极思考，活跃讨论小组的气氛，往往会获得更好的效果。以下的"讨论话题一览"可以作为任何一个讨论会的引子，我建议大家首先认真思考每一个问题，决定它们是否可以成为一次讨论会的良好开端，然后在此基础上加以扩充，充实讨论会的内容。我也建议套用这些问题，重新设计你自己的讨论话题，使之最大限度地适合你的讨论小组的特性。

讨论话题一览

1. 耶稣的教导和我们今天的这个集会有何关联之处？我们为什么要从耶稣的教导中寻求领导他人的指导思想？

2. 你认为耶稣的教导中有哪些要点与我们今天的领导理念有关？

3. 按照耶稣的看法，要想成为一位高效的领导人，第一件要做的事情是什么？

4. 你认为一定要成为基督徒才能从耶稣的教导中获益吗？耶稣的教导可以从哪些方面为不同文化和宗教信仰的领导人提供帮助，从而为所有人创造一个有更多的爱、更健康的世界呢？

5. 你认为有哪些组织体现了耶稣教导的精神？你能举出一些真实依据吗？

6. 你认为有哪些领导人体现了耶稣教导的精神？你能举出一些真实依据吗？

7. 你的企业或工作场所在这方面做得如何？有没有与耶稣的教导相符合之处？你认为企业中哪些部分或哪些人遵从了耶稣的教导？他们的耕耘又有哪些收获呢？

8. 在工作和领导事务中，采纳与耶稣教导相符的原则会有什么潜在的风险？

9. 你能列举一些在生活中和工作中由于采纳了与耶稣教导相符的原则而产生益处的例子吗？

10. 就以下主题展开讨论，你应该如何将它们更全面地贯彻到你的个人和领导行为中去？会有什么可能的结果？

◆ 自我领导

◆ 黄金法则

◆ 仆人式领导

◆ 怜悯与爱

◆ 宽容理解

◆ 谦卑温柔

◆ 寻回丢失的羊

◆ 认同个人价值

◆ 播撒金色芥菜种

11. 在你的生活、工作和领导事务中,你认为还有哪些
    与耶稣教导有关的重要原则应该考虑?

12. 本书中还有哪些议题与你的讨论小组有特殊的
    关联?

我希望我的建议和推荐的问题能够帮助你创建一个
积极而有果效的讨论小组。我们可以看到,耶稣教导中一
个有趣的特点是,耶稣常常借用故事和比喻来帮助我们理
解教导的含义,他并不摆出一种说教的姿态,而是设法激
发听众的思考能力和参与精神。所以,在我们的讨论会
中,以本书中出现的例子为讨论对象,分享对耶稣教导的
看法,应该也能激发出参与者的自我思考能力。耶稣已经
很有果效地让我们看到,这种引导方式促使人们积极思考
重大的议题,这些议题足以改变我们对生活、工作和领导
力的认识。我衷心地希望这个简短的提纲和本书的内容
能够帮助你和你的讨论小组掌握耶稣教导的精义。

作者简介

查尔斯·C.曼兹博士是兼演说家、咨询师与畅销商业书作家于一身，拥有马萨诸塞大学艾森伯格管理学院商业领导、查尔斯及捷奈特·尼润伯格讲席教授称号。电台、电视以及《华尔街日报》《财富》《美国新闻及世界报道》《成功》《今日心理学》《快捷企业》等等数家国家级出版机构都对他的研究工作有过专题报道。哈佛商学院授予他享有盛名的马文·波尔奖金，这个奖项专为"在商业管理研究中取得重大成就的学者而设，专注于管理的效率、影响和领导力研究"。查尔斯·C.曼兹从宾夕法尼亚州立大学获得商学博士学位，侧重于组织行为及心理学研究，他还拥有密歇根州立大学的工商管理硕士及学士学位。

查尔斯·C.曼兹博士著有 200 多篇文章和学术论文，

以及 17 部专著,其中一些是和他人合写的。他的作品包括畅销书《没有老板的公司》、获得斯泰伯·皮博迪奖的《新型超级领导力》、获《财富》杂志励志类年度图书金奖的《情绪规则》(Emotional Discipline:The Power to Choose How You Feel)和《失败的力量》(The Power of Failure:27 Ways to Turn Life's Setbacks Into Success),其他作品有:《所罗门的工作智慧》《掌握自我领导法则》(Mastering Self-Leadership:Empowering Yourself for Personal Excellence)《英雄的公司》《写给有团队精神的人们》(For Team Members Only:Making Your Workplace Team Productive and Hassle-free)以及《团队和集体力量》(Teamwork and Group Dynamics),他的最新作品有:《领导幻影》(The Greatest Leader Who Wasn't:A leadership Fable)《领导热身》(Fit to Lead:The Proven 8-Week Solution for Shaping Up Your Body,Your Mind,and Your Career)《情绪选择》(The Power to Choose How You Feel)和《片刻的宁静》(Temporary Sanity:Instant Self-Leadership Strategies for Turbulent Times)。他的作品被翻译成多种文字,流行于各读书俱乐部,并被制作成有声读物和 CD。

查尔斯·C.曼兹博士曾为多家机构提供咨询,3M、福特汽车公司、摩托罗拉、富士施乐公司、梅约医院(Mayo Clinic)、宝洁有限公司、美国运通公司、联信(Allied Signal)、优利系统有限公司(Unisys)、琼森早教中心

（Josten's Learning）、第一银行（Banc One）、美国医院协会
（American Hospital Association）、American College Of
Physician Executives、美国及加拿大政府等等大型机构组
织都是他的客户。

图书在版编目(CIP)数据

耶稣的领导智慧/(美)查尔斯·C.曼兹著;余彬译.
—上海:上海三联书店,2021.4重印
ISBN 978-7-5426-2895-4

Ⅰ.①耶… Ⅱ.①查…②余… Ⅲ.圣经-应用-企业管
理-研究 Ⅳ.F270

中国版本图书馆 CIP 数据核字(2008)第 137626 号

耶稣的领导智慧

著　　者 / 查尔斯·C.曼兹

译　　者 / 余　彬

策　　划 / 徐志跃

责任编辑 / 邱　红

装帧设计 / 鲁继德　徐　徐

监　　制 / 姚　军

责任校对 / 张大伟

出版发行 / 上海三联书店

　　　　　(200030)中国上海市漕溪北路 331 号 A 座 6 楼

邮购电话 / 021-22895540

印　　刷 / 上海惠敦印务科技有限公司

版　　次 / 2009 年 1 月第 1 版

印　　次 / 2021 年 4 月第 4 次印刷

开　　本 / 640×960　1/16

字　　数 / 120 千字

印　　张 / 11.5

书　　号 / ISBN 978-7-5426-2895-4/G·940

定　　价 / 48.00 元

敬启读者,如发现本书有印装质量问题,请与印刷厂联系 021-63779028